CONTRATO DE COABITAÇÃO
NA UNIÃO DE FATO

CONFRONTO ENTRE O DIREITO BRASILEIRO E PORTUGUÊS

RENATO AVELINO DE OLIVEIRA NETO

CONTRATO DE COABITAÇÃO NA UNIÃO DE FATO

CONFRONTO ENTRE O DIREITO BRASILEIRO E PORTUGUÊS

Dissertação apresentada ao Curso de Direito da Universidade de Coimbra, como requisito parcial para a obtenção do grau de Mestre em Direito, sob a orientação do Sr. Doutor Professor Guilherme de Oliveira.

CONTRATO DE COABITAÇÃO NA UNIÃO DE FATO
CONFRONTO ENTRE O DIREITO BRASILEIRO E PORTUGUÊS

AUTOR
RENATO AVELINO DE OLIVEIRA NETO

EDITOR
EDIÇÕES ALMEDINA. SA
Rua da Estrela, n.º 6
3000-161 Coimbra
Tel.: 239 851 904
Fax: 239 851 901
www.almedina.net
editora@almedina.net

EXECUÇÃO GRÁFICA
G.C. – GRÁFICA DE COIMBRA, LDA.
Palheira – Assafarge
3001-453 Coimbra
producao@graficadecoimbra.pt

Janeiro, 2006

DEPÓSITO LEGAL
237160/06

Toda a reprodução desta obra, seja por fotocópia ou outro qualquer processo,
sem prévia autorização escrita do Editor
é ilícita e passível de procedimento judicial contra o infractor.

A minha família, em especial meu pai Vanderlei, minha mãe Maria Antonieta e minha irmã Miriam, sem os quais esse trabalho não teria sido possível.

A minha esposa Heloisa quem me acompanhou nessa caminhada.

A DEUS, fundamento de todas as coisas.

AGRADECIMENTOS

A Faculdade de Direito da Universidade de Coimbra, pela oportunidade de desenvolver a pesquisa numa Universidade Pública e de reconhecimento internacional, e que muito me enalteceu, tanto pelo fantástico acervo jurídico, quanto pelos renomados catedráticos que compõem esta instituição.

Aos professores do Curso de Mestrado em Direito (FDUC), pelas contribuições das disciplinas cursadas; em especial ao Prof. Doutor. Guilherme de Oliveira, pela consciência crítica e ensinamentos transmitidos em suas aulas e, sobretudo pela orientação deste trabalho científico.

"Invoca-me, e te responderei; anunciar-te-ei cousas grandes e ocultas, que não sabes".
Jr. 33. 3

ABREVIATURAS

AAFDL	–	Associação Académica da Faculdade de Direito de Lisboa
AASP	–	Associação dos Advogados de São Paulo
ADC	–	Anuario de Derecho Civil
AJURIS	–	Associação dos Juizes do Rio Grande do Sul
Ap.	–	Apelação
Art.	–	Artigo
Arts.	–	Artigos
Bem. Infr.	–	Embargos Infringentes
C.	–	Câmara
Câm.	–	Câmara
Cciv	–	Código Civil Português
CEDAM	–	Casa Editrice Dott. Antonio Milani
CF	–	Constituição da República Federativa do Brasil.
Cfr	–	Confronte
Cív.	–	Cível
COAD	–	Centro de Orientação Atualização e Desenvolvimento Profissional
Coord.	–	Coordenador
CprocCiv	–	Código de Processo Civil Português
Des.	–	Desembargador
ECA	–	Estatuto Da Criança e do Adolescente
ECERA	–	Editorial Centro de Estudos Ramón Areces
EUD	–	Editora Universitária de Direito
i. e.	–	Isto é
IBDFAM	–	Instituto Brasileiro de Direito de Família
IBGE	–	Instituto Brasileiro de Geografia e Estatística
INSS	–	Instituto Nacional do Seguro Social
IOB	–	Informações Objetivas Publicações Jurídicas Ltda. (Thomson)
Iprem	–	Instituto de Previdência Municipal de São Paulo
j.	–	julgado em

LGDJ – Librairie Génerale de Droit et de Jurisprudence
n. – Nota de rodapé
Org. – Organizador
p. – página n.º
p. ex. – Por exemplo
RBDC – Revista Brasileira de Direito Comparado
RBDF – Revista Brasileira de Direto de Família
RDDFDSE – Revista di diritto della famiglia e delle successioni in Europa
REDI – Revista Española de Derecho Internacional
Rel. – Relator
Resp – Recurso Especial
RFDUL – Revista de Direito da Universidade de Lisboa
RLD – Revista Literária de Direito
RSDI – Revista di Storia del Diritto Italiano
RT – Revista dos Tribunais
STF – Supremo Tribunal Federal
TJDF – Tribunal de Justiça do Distrito Federal
TJMG – Tribunal de Justiça de Minas Gerais
TJSP – Tribunal de Justiça do Estado de São Paulo
UCP – Universidade Católica Portuguesa

INTRODUÇÃO

"O legislador não cria a família, como o jardineiro não cria a primavera; soberano não é o legislador, soberana é a vida; 'Agora dizei-me: o que é que vedes quando vedes um homem e uma mulher, reunidos sob o mesmo teto, em torno de um pequenino ser, que é fruto de seu amor? Vereis uma família. Passou por lá o juiz, com a sua lei, ou o padre, com o seu sacramento? Que importa isto? O acidente convencional não tem força para apagar o fato natural'; e: 'A família é um fato natural, o casamento é uma convenção social. A convenção social é estreita para o fato, e este então se produz fora da convenção. O homem quer obedecer o legislador, mas não pode desobedecer a natureza e por toda a parte ele constitui a família, dentro da lei se é possível, fora da lei se é necessário".[1]

O Direito de Família sempre sofreu influência das transformações sociais, levando o legislador e os operadores do Direito a uma busca incessante para adaptar a norma jurídica aos fatos da vida, no intuito de tutelar a família da forma mais eficaz possível. E isso não tem sido diferente na época atual.

Atualmente, como é notório, existe grande número de casais que vivem em união de fato. Essas uniões informais não recebem total amparo da lei, levando, assim, seus membros a buscar alternativas para ter uma relação amorosa mais segura em termos jurídicos.

Essas alternativas de auto-regulamentação da união de fato são conhecidas como contratos de coabitação. Esses acordos entre conviventes

---

[1] PEREIRA, Virgílio de Sá. *Direito de Família*. Rio de Janeiro: Freitas Bastos, 1959, p. 89 e ss. *Apud* CAHALI, Francisco José. *Contrato de Convivência na União Estável*. São Paulo: Saraiva, 2002, p. 1-2.

permitem que a união entre eles seja juridicamente pré-convencionada, evitando inúmeros conflitos provindos da convivência *more uxorio* ou no caso de dissolução da mesma.

Neste contexto, buscaremos analisar a importância do contrato de coabitação, ressaltando sempre seus limites, para que a união de fato não seja transformada em casamento não-solene.

Para tanto, tomaremos como base o Direito Brasileiro que tem larga experiência na matéria. Ao longo da exposição, faremos comparações com o Direito Português, onde a matéria não tem sido tratada, ressaltando as diferenças existentes entre ambos nessa seara, tentando sempre apontar a possibilidade de celebrar esses contratos, sem ferir o ordenamento jurídico lusitano.

A abordagem de tão interessante assunto será dividida em duas fases: a primeira, direcionada a demonstrar a evolução histórica dos contratos de coabitação no Brasil, desde antes da promulgação da Constituição Federal de 1988, passando pelas leis 8.971/94, 9.278/96 até o atual Código Civil de 2002, bem como o seu reconhecimento social e jurídico na sociedade moderna, como forma de solução de muitos problemas decorrentes das relações entre conviventes.

A segunda fase é direcionada a analisar as características, conteúdo e peculiaridades do contrato de coabitação e sua relação com o ordenamento jurídico português, na vigência da Lei 7/2001.

Cabe esclarecer que, não obstante, os países em questão utilizarem expressões diferentes para indicarem a união informal de um casal, *união estável* no Brasil e *união de facto* em Portugal, utilizaremos, no decorrer da exposição, a expressão união de fato.

Vale ainda lembrar que não existe a pretensão de esgotar o assunto com esse trabalho. Mesmo porque, está longe de ser uma obra acabada, pois nem sequer a mim alegra por inteiro, existindo ainda um extenso caminho de investigação que pretendo percorrer.

CAPÍTULO I

Antecedentes Históricos do Contrato de Coabitação no Brasil

1. O contrato de coabitação antes e durante a Constituição Federal de 1988

Antes da Constituição Federal de 1988, o concubinato[1-2], era repudiado tanto pela sociedade como pela Igreja Católica, não era visto como instituto próximo do casamento, na finalidade de constituir família[3-4].

---

[1] Na Idade Média, a Igreja Católica exercia grande influência no âmbito das relações familiares. Com a sacramentalização do casamento, mais a sua reconhecida posição contra quaisquer uniões extramatrimoniais, orientou toda esta época, e mesmo períodos subseqüentes, num sentido de grave repressão a "quaisquer uniões concubinárias, atirando-as na vala comum do incesto, do adultério e do homossexualismo, condenando a todos indistintamente". CZAJKOWSKI, Rainer. *União livre: à luz das Leis 8.971/94 e 9.278/96.* Curitiba: Juruá, 1.996, p. 40. Deste modo, o termo concubinato ficou com um sentido depreciativo. Tanto no Brasil como em Portugal, são reconhecidas cargas negativas a tal expressão: "...cabe notar que «união livre», por si só, é expressão menos precisa que «concubinato», mas que a substitui com vantagens, por afastar toda a carga histórica negativa que «concubinato» envolve...", CZAJKOWSKI. Ob. Cit. p. 37. "... concubinato (de *cum-cubare*: deitar com) tem por seu turno uma carga determinada, um valor semântico negativo pouco conforme ao valor familiar da coabitação... a reservar o termo concubinato para designar a relação heterossexual caracterizada pelo trato assíduo, freqüente ou duradouro, mas sem coabitação". MATOS, Albino. União de facto e liberalidades. *In: Revista do Notariado.* Lisboa: 1988/3, setembro-dezembro, ano IX, n.º 33, 1988, p. 368. No mesmo sentido Guilherme de OLIVEIRA e Francisco Pereira COELHO "Concubinato e concubinos adquire entre nós conotação pejorativa. COELHO, Francisco Pereira. e OLIVEIRA, Guilherme de. *Curso de Direito da Família.* Coimbra: Coimbra Editora, 2 ed., v. 1, 2001, p 85.

[2] Concubinato, fenômeno presumivelmente tão antigo quanto as primeiras manifestações gregárias do ser humano, foi exorcizado, primeiro pelo casamento religioso e logo depois pelo casamento civil, pois não era aceito na sociedade daquela época. VILLELA, João Baptista. Concubinato e Sociedade de Fato. *In: Revista dos Tribunai*, v. 623, ano 76, v. 623, setembro de 1987, p. 18. Sobre a história do concubinato vide: CID,

Era prestigiado o matrimônio como única forma de constituição da família legítima[5], sendo impostas pesadas restrições ao concubinato[6]. Este prestígio ao casamento foi inspirado no Direito Canônico[7].

Nuno de Salter. *União de Facto e Direito: Indecisão ou Desorientação do Legislador?*. Évora: Separata da Revista Economia e Sociologia. n.º 57, 1994, p. 22-35. Sobre concubinato no direito romano vide: KASER, Max. *Direito Privado Romano*. Tradução de Samuel Rodrigues e Fedinand Hämmerle, Lisboa: Fundação Calouste Gulbenkian, 1999, p. 317-330 e 349-350. D'ORS, Álvaro. *Derecho Privado Romano*. Pamplona: Ed. Universidad de Navarra S.A., 1968, p. 230. CURA, António A. Vieira. *A «União de Facto» (Concubinatus) No Direito Romano – (Da Indiferença Jurídica Clássica à Relevância Jurídica Pós-Clássica e Justinianeia)*. Porto: Juris Et De Jure, 1998, p. 1293-1334.

[3] Importante ressaltar que em Portugal, nas Ordenações do Reino, o concubinato não era proibido, e até eram reconhecidos certos efeitos legais, mas este era tido como pecado. Para estudo mais profundo sobre o tema vide. ALMEIDA, Geraldo da Cruz. *Da União de Facto Convivência more uxorio em direito internacional privado*. Lisboa: Pedro Ferreira, 1999, p. 148. CID. Ob. Cit. p. 51.

[4] Não era diferente em terras Lusitanas, antes da Constituição da República de 1976. "A «união de facto« era olhada com desfavor pela ordem jurídica portuguesa anterior à Constituição de 1976. Com efeito, na Constituição de 1933 não se fazia qualquer referência à união de facto e no art.º 1576.º do Código Civil de 1966 dizia-se claramente que eram fontes das relações jurídicas familiares o casamento, o parentesco, a adoção e a afinidade. O casamento estava regulado nos art.ºs. 1587.º a 1795.º e dessa regulação não se vislumbra qualquer sombra de apoio ou facilidade para as uniões de facto. Aliás era essa a filosofia de todo o regime político vigente até à revolução de 1974". LOPES, José Joaquim Almeida. A união de facto no direito português. *In: Revista Española de Derecho Canónico*. n.º 134, v. 50, 1993, p. 243.

[5] Cf. artigo 144 da CF/1934, artigos. 124 a 127 da CF/1937, artigos 163 a 165 da CF/1946, artigo 167 da CF/1967. "A família é legítima porque nasce sob a égide da lei, que, entre nós, só a reconhece quando provinda do casamento". FRANÇA, R. Limongi (coord.). *Enciclopédia Saraiva de Direito*. São Paulo: Saraiva, v. 36, 1977, p. 261-262 e 272. Sobre a história do casamento vide: CAMPOS, Diogo Leite de. A Invenção do Direito Matrimonial. *In: Boletim da Faculdade de Direito da Universidade de Coimbra*: Coimbra: v. LXII, 1986, p. 1-138. BARDAJÍ, María Dolores Díaz-Ambrona. e GIL, Francisco Hernández. *Lecciones de Derecho de Família*. Madrid: ECERA, 1999, p. 50-80. Sobre liberdade de casar vide: BOULANGER, François. Aspects internes et internationaux. *In: Droit Civil de la Famille*. Paris, tome I, 1990, p. 129. Casamento no direito chinês vide: PEREIRA, Caio Mário da Silva. A Lei do Casamento da República Popular da China. *In: Estudos em Memória do Professor Doutor Paulo da Cunha*. Lisboa: Faculdade de Direito, 1989, p. 117-132.

[6] "Etimologicamente, o termo concubinato exprime a idéia de comunidade de leito. No latim, *concubans, concubantis* significa o que se deita com. Há também as palavras *concubatio* e *comcubatus*, com o mesmo significado". PIRES, Maria da Graça Moura de Sousa Soromenho. *O concubinato no direito brasileiro*. Rio de Janeiro: Forense, 1.999, p. 11. Ou *"cum cubare*, que significa, ir para a cama com". PITÃO, França. *Uniões de Facto*

Capítulo I – Antecedentes Históricos do Contrato de Coabitação no Brasil

Sendo assim, a união entre homem e mulher sem casamento era tido como imoral, ilícito tanto pela lei quanto pela sociedade[8], não se concedendo qualquer eficácia ou efeitos a contratos ou estipulações escritas entre concubinos com relação à regulamentação do patrimônio do casal, muito menos com relação a efeitos pessoais provindos dessa união, nem podendo ser admitido efeitos quanto ao próprio reconhecimento da relação entre os conviventes[9].

Porém, a sociedade, na sua função criadora e recriadora de normas e princípios, não desistiu de continuar a formar a família natural[10], seja

---

e Economia Comum. Coimbra: Almedina, 2002, p. 35. p. 34. Trazendo um sentido pejorativo, que hoje deve ser afastado, dado a importância atribuída a união de fato. O concubinato consiste numa união livre e estável de pessoas de sexo diferentes, que não estão ligadas entre si pelo casamento civil. DINIZ, Maria Helena. *Curso de direito civil brasileiro*. São Paulo: Saraiva, 14 ed., v. 5, 1999, p. 271. Vide: CAHALI, Francisco José. *Contrato de Convivência na União Estável*. São Paulo: Saraiva, 2002, p. 3. Também em Portugal, até antes da promulgação da lei 7/2001 (vide anexo), o concubinato (união de fato), era a convivência marital de pessoas de sexo diferentes. Vide: MATOS. Ob. Cit. p. 365-367 e PITÃO. Ob. Cit. p. 5-6 e 18-19. Sendo tal preceito, alterado pela lei supra citada 7/2001, que veio regulamentar a situação jurídica de duas pessoas independente do sexo, que vivam em união de fato.

[7] Vide: VIANA, Marco Aurélio S. *Da União Estável*. São Paulo: Saraiva, 1999, p. 3--4.

[8] Pensamento semelhante ocorria em Portugal, visto que durante a vigência do Código Civil de 1867, que manteve a essência do regime das Ordenações em matéria de concubinato, qualquer contrato entre concubinos, era tido como nulo por ter uma causa imoral. Exemplo: contrato de doação entre concubinos. Vide: ALMEIDA. Ob. Cit. p. 151--153. Na França CARBONIER, Jean. *Droit Civil, La Famille, Les incapacités*. Paris: P.U.F., Tomo. 2, 1999, p. 334-335. Apud COELHO, Francisco Pereira. e OLIVEIRA, Guilherme de. *Curso de Direito de Família*. Coimbra: Coimbra Editora, 2 ed., v. 1, 2001, p. 103. Diz sobre a validade dos contratos de convivência no direito francês: "Embora apenas reunam num só acto acordos que seriam válidos considerados isoladamente, entende que sua 'dinâmica em conjunto' torna o contrato suspeito, não de imoral, mas de ilícito, 'porque quer dar força obrigatória a uma espécie de casamento privado, violando assim o monopólio do Estado em matéria de casamento.' "

[9] CAHALI. Ob. Cit. p. 9.

[10] "A família pode ser legítima ou natural, nascendo a primeira do casamento e a segunda da união concubinária pura, ou seja, isenta de impedimentos ao casamento e ausente de relacionamento adulterino...Quanto a família natural, ou de fato, forma-se ela pela ligação dos companheiros, que passam a conviver, como se marido e mulher fossem, mas sem o casamento, com ou sem filhos". AZEVEDO, Álvaro Villaça. *In:* FRANÇA, R. Limongi (coord.). *Enciclopédia Saraiva do Direito*. São Paulo: Saraiva, v. 36, 1977, p. 258-263. Vide: BITTENCOURT, Edgard de Moura. *Família*. São Paulo: LEUD, 2 Ed., 1977, p. 113-115. "A Constituição Italiana privilegia a família legítima, mas a família de

por opção¹¹ ou por imposição decorrente da inexistência do divórcio¹² naquela época. E, continuaram os esforços em moldar o concubinato com algum instrumento escrito, se não fosse para regulamentar a vida em comum, ao menos serviria para preservação de direitos entre os conviventes.

Mas, o pensamento dos juristas da época, era de que esse instrumento escrito celebrado entre um homem e uma mulher, para regulamentar voluntariamente suas vidas, seria um casamento por contrato, ou seja, um casamento de segundo grau, ou ainda um casamento particular¹³. Entendiam

---

fato não é constitucionalmente irrelevante. ANGELONI, Franco. Autonomia privata e potere de disposizione nei rapporti familiari. *In: Le monografie di Contratto e impresa*. Padova: CEDAM, v. 45, 1997, p. 497.

¹¹ A cada ano, o número de pessoas que preferem a união informal ao casamento aumenta. O IBGE, em pesquisa divulgada em 17/12/2003 demonstrou que o número de pessoas que vivem em união de fato no Brasil é de 29, 5%, do total de uniões, sejam elas formais (casamento) ou informais. Fonte: *O Estado de São Paulo, de 18/12/2003*, p. A 14. Em 1995, o número de uniões informais era de 23,5% do total de uniões. BITTAR, Carlos Alberto B. Filho. A União Estável no Novo Código Civil. *In: IOB*, n.º 17, v. III, ementa 20612, 2003, p. 449. Sobre o modo mais usado de união entre casais jovem na Europa ocidental vide: GLANZ, Semy. União Estável. *In: Revista Brasileira de Direito Comparado*. Rio de Janeiro: Ano 7, n.º 11, 2.º semestre, 1991, p. 78.

¹² Importante salientar que até 26/12/1977, o casamento no Brasil era indissolúvel. A partir desta data entrou em vigor a Lei 6.515, que instituiu o divórcio. Instituto este em vigor até os dias de hoje, e que dissolve o casamento, podendo o indivíduo divorciado casar-se de novo. DINIZ. Ob. Cit. p. 198. O mesmo ocorria em Portugal. Como o vínculo do casamento era indissolúvel, muitas pessoas não se casavam, mantendo concubinato, pois, se o casamento não desse certo não tinham mais como separarem-se; ou viviam em concubinato porque saíram de um casamento que não vingou, e eram impedidos de casarem de novo. Essa indissolubilidade do vínculo conjugal tinha influência do direito canônico, cânone 1056 e 1141-1150. COELHO. Ob. Cit. p. 187-188. Mas mesmo após a instituição do divórcio um grande número de pessoas continuaram se unindo de fato, por opção. FRAGA, Francisco C. Obrigação de alimentos na separação de facto e no divórcio. Diversidade de regimes. Anotação a Acórdão do STJ de 05/11/1996, *In: Revista da Ordem dos Advogados*. Lisboa: ano 56, dezembro, 1996, p. 959-969. Para estudo mais profundo vide CAMPOS, Diogo Leite de. *Lições de Direito de Família e das Sucessões*. Coimbra: Almedina, 2 ed., 1997, p. 263-313.

¹³ Transcrição de um Contrato de Coabitação elaborado antes da CF/88, deixa claro a intenção de matrimônio particular. "Contrato de Casamento. Pelo presente instrumento particular, A (qualificação) e B (qualificação) têm justo e contratado o que vem estipulado nas cláusulas seguintes: *Primeira*: Que A recebe B, como sua esposa para tê-la e conservá-la de hoje em diante, na felicidade ou na desventura, na riqueza ou na pobreza, enferma ou com saúde, para amá-la e querê-la, consagrando-lhe amor e honra, guardando-se para ela, enquanto ambos viverem, de acordo com a vontade de Deus. *Segunda*: Que B recebe

também ser uma contratação de intercâmbio sexual[14], o que não era lícito, tornando qualquer contrato escrito entre concubinos nulo, por ilicitude e imoralidade do seu objeto[15].

Na doutrina brasileira daquela época, podemos encontrar resistência a este tipo de contratação entre concubinos, alegando que tais negócios jurídicos eram nulos pela indisponibilidade das relações jurídicas instituídas para o casamento, ou seja, não importava a boa fé dos contratantes, o objeto destes contratos era sempre ilícito. E, além do mais, era contaminado pela proibição da forma, em face do artigo 145, inciso II a V do Código Civil Brasileiro de 1916[16]. Isto não impedia as pessoas de conviverem,

---

A, como seu esposo, para tê-lo e conservá-lo de hoje em diante, na felicidade ou na desventura, na riqueza ou na pobreza, enfermo ou com saúde, para amá-lo e querê-lo, consagrando-lhe amor e honra, guardando-se para ele, enquanto ambos viverem, de acordo com a vontade de Deus. *Terceira*: Que o anel que cada um passa a usar representa o selo desta união, pedindo ambos a Deus que o seu amor seja puro como o ouro que as alianças contêm e permanente como o círculo de sua forma. *Quarta*: Que A se obriga a sustentar economicamente o lar que por esta forma se estabelece, dispensando-lhe também todo o amparo moral, responsabilizando-se, sempre, pelo sustento e educação dos filhos que advierem desta união, assumindo B a condição de colaboradora nos encargos da família, cumprindo-lhe velar pela direção moral e material desta. *Quinta*: Que os bens adquiridos na vigência desta união pertencerão a ambos e aos filhos que venham a ter. *Sexta*: Que A declara, para todos os efeitos legais, que B passa a ser a sua beneficiária junto à previdência social, comprometendo-se a fazer valer esta sua declaração junto às autoridades e instituições competentes. *Sétima*: Que ambos assim estabelecem entre si os mesmos direitos e deveres, os mesmos objetivos e responsabilidades que são inerentes ao matrimônio previsto no Código Civil, cujas disposições serão sempre consideradas como acessórias às que neste ato se consignam. E assim justos e contratados, A e B assinam o presente em duas vias, de igual teor, perante as testemunhas: Lugar,..." MOURA, Mário de Aguiar. *Concubinato – Teoria e Prática*. Porto Alegre: Síntese, 1979, p.72-74. *Apud*, CAHALI, Francisco José. *Contratos de Convivência na União Estável*. São Paulo: Saraiva, 2002, p. 10-11. n.17. Sobre casamento informal (união de fato) vide: PAIS, Sofia de Oliveira. e SOUSA, António Frada de. A União de Facto e as Uniões registadas de pessoas do mesmo sexo – uma análise de direito material e conflitual. *In: Revista da Ordem dos Advogados*, n.º 59, v. II, 1999, p. 695.

[14] CAHALI. Ob. Cit. p.10.
[15] CAHALI. Ob. Cit. p. 28. ALMEIDA. Ob. Cit. p. 207.
[16] Art. 145: "É nulo o ato jurídico: II – quando for ilícito, ou impossível, o seu objeto; III – quando não revestir a forma prescrita em lei (arts. 82 e 130); IV – quando for preterida alguma solenidade que a lei considere essencial para sua validade; V – quando a lei taxativamente o declarar nulo ou lhe negar efeito." DINIZ, Maria Helena. *Código Civil Anotado*. São Paulo: Saraiva, 1995, p. 143-145. O Correspondente a este artigo no novo Código Civil de 2002 é o art. 166, incisos II a V. CAHALI, Yussef Said (org.). *Código Civil, Código de Processo Civil, Constituição Federal*. São Paulo: RT, 5.ª

coabitarem, ter vida "more uxorio". Só não seria lícito o contrato entre elas, pois o concubinato não nasce da convenção, mas sim da situação fática entre o casal. Em outras palavras, não tinha valor jurídico o papel (contrato) celebrado entre os concubinos. As partes não podiam levá-lo a juízo para fazer valer o que ali foi convencionado, visto que o 'suposto matrimônio' era tido como inexistente[17].

O Poder Judiciário também se posicionou contra os instrumentos relacionados ao reconhecimento e regulamentação voluntária do concubinato, indicando ilicitudes no ato jurídico, desaprovando sua pretensa realização e admoestando quanto a imoralidade do objeto[18], sendo proibido a tabeliães de registrarem estes tipos de contratos, visto serem 'casamentos particulares' ou 'casamentos por contrato', pois tais convenções eram consideradas absolutamente nulas pela ilicitude e imoralidade do seu objeto[19]. Ademais, como já dito, a única forma de constituir família legítima era pelo vínculo indissolúvel do casamento[20], artigo 175, parágrafo 1.º, da Constituição Federal de 1967[21].

É de concordar, que do modo como estavam sendo colocados os contratos entre concubinos no mundo jurídico, certo era a repugnância tanto pela doutrina quanto pela jurisprudência, pois estavam trocando a manifestação voluntária de duas pessoas se unirem de fato pela 'cerimônia do matrimônio particular'[22].

Mas é de ressaltar que, se estes contratos entre homens e mulheres fossem focados apenas no reconhecimento ou regulamentação de uma

---

ed., 2003, p. 284 e 598. Vide: *Novo Código Civil Brasileiro / Prefácio Miguel Reale*. São Paulo: RT.2 ed., 2002, p. 34.

[17] MOURA, Mário de Aguiar. *Concubinato – Teoria e Prática*. Porto Alegre: Síntese. 1979, p.72-74. *Apud,* CAHALI. *Contrato de Convivência.* Ob. Cit. p. 10-11.

[18] CAHALI. Ob. Cit. 11.

[19] CAHALI. *Contrato de Convivência.* Ob. Cit. 11-12. Esta idéia começou a mudar quando da entrada em vigor da CF/88, que em seu artigo 226, parágrafo 3.º passou a considerar a União Estável entre homem e mulher como entidade familiar. Na França "CARBONIER, entende que a sua 'dinâmica de conjunto' (contrato de coabitação) torna o contrato suspeito, não de imoral, mas de ilícito, 'porque quer dar força obrigatória a uma espécie de casamento privado, violando assim o monopólio do Estado em matéria de casamento'." COELHO. Ob. Cit. p. 103.

[20] Vide: CAHALI. *Contrato de Convivência.* Ob. Cit. 9. LEVENHAGEN, Antônio J. de Souza. *Do casamento ao divórcio*. São Paulo: Atlas, 2 ed., 1978, p. 28-40 e 75-136. Sobre a história da indissolubilidade do casamento vide: CAMPOS. *A Invenção do Direito Matrimonial*. Ob. Cit. p. 12-36.

[21] *Constituição da República Federativa do Brasil*. Bauru: Jalovi, 1969, p. 118.

[22] Vide: CAHALI. *Contrato de Convivência.* Ob. Cit. 13-14.

convivência "*more uxorio*", como o concubinato, e não matrimônio particular, essa repulsa seria exagerada, mas com espeque suficiente na cultura social e religiosa daquela época que queria ter o casamento como única fonte formadora da família legítima, tanto nos termos da *Magna Carta*, quanto nas leis da Igreja Católica, qualquer outra forma de união que não fosse o casamento, era repudiada pelo Direito[23].

Como já relatado acima[24], havia no Brasil muitas famílias formadas pelo concubinato, e tentando satisfazer a ânsia da sociedade da época[25], em 1975, o Deputado Emanuel Waissmann, apresentou projeto de lei que tinha como alvo criar o "contrato civil de coabitação", regulamentando a união entre um homem e uma mulher[26].

---

[23] CAHALI. *Contrato de Convivência*. Ob. Cit. p. 3; 14-15.

[24] Vide nota de rodapé n.º 11.

[25] "...no âmbito do direito de família, não há um sistema legislativo perfeito e acabado. É comum, até, que a aplicação do direito nessa área, se antecipe à confecção legislativa, atendendo aos anseios de uma sociedade em constante evolução de costumes, em contínuo processo de assimilação de novos valores e esquecimentos de outros." CZAJKOWSKI. Ob. Cit. p. 19. A família é um fenômeno social. "Na base do Direito da Família, ou seja, da família como instituição jurídica, encontra-se a família como realidade sociológica. A família é o núcleo social primário mais importante que integra a estrutura do Estado. Como sociedade natural, correspondente a uma profunda e transcendente exigência do ser humano, a família antecede nas suas origens o próprio Estado. Antes de se organizar politicamente através do Estado, os povos mais antigos viveram socialmente em famílias." VARELA, Antunes. *Direito da Família*. Lisboa: Petrony, 1982, p. 30.

[26] "Íntegra do Projeto de Lei n.º 1117 de 1975: O Congresso Nacional decreta: Art. 1.º É válido o contrato civil de coabitação, firmado entre pessoas maiores, civilmente capazes e de sexos diferentes, observados os impedimentos constantes do artigo 183, incisos I a XVI, da Lei n.º 3071, de 1.º de janeiro de 1916, o Código Civil Brasileiro. Parágrafo único. Somente podem celebrar o contrato civil de coabitação as pessoas que sejam solteiras, viúvas ou desquitadas. Art. 2.º O contrato civil de coabitação é de prazo certo ou indeterminado, respondendo as partes, quando de sua denúncia, pelos encargos que assumirem. Art. 3.º O contrato civil de coabitação é nulo e de nenhum efeito, quando firmado de forma a contrariar os impedimentos previstos no artigo 183 da Lei 3.071, de 1916 ou ainda quando: a) Entre as testemunhas não se contar pelo menos dois Bacharéis de Direito em pleno exercício da advocacia, assistindo às partes; b) Houver, por parte de um dos contratantes, erro essencial quanto à pessoa do outro, assim definido nos termos do artigo 219, do Código Civil Brasileiro (Lei n.º 3071, de 1916); c) Não for registrado em Cartório de Títulos e Documentos, para os efeitos legais, no prazo de 30 (trinta) dias da sua lavratura. Parágrafo único. A nulidade do contrato civil de coabitação processar--se-á por ação ordinária. Art. 4.º É também nulo o contrato civil de coabitação que em suas cláusulas não contiver: a) O inventário dos bens individuais de cada contratante; b) O regime de condomínio para os bens adquiridos na vigência do referido contrato, a determinação sobre quem os há de administrar e o critério de sua divisão quando da

Em suma, o referido projeto de lei, previa a validade do contrato de coabitação, entre pessoas de sexos diferentes, civilmente capazes, solteiras, viúvas ou desquitadas[27]. Deveriam ser observados os impedimentos matri-

---

denúncia do contrato; c) O destino a ser dado aos filhos havidos durante a vigência do contrato quando da denúncia do mesmo, o sustento e a educação destes mesmos filhos; d) Pensão mensal devida pelos contratantes, inclusive a filhos e dependentes anteriores ao contrato, definindo o pagador; e) A indenização devida pelo contratante que der causa de nulidade ou à denúncia do referido contrato. Parágrafo único. O contratante que tiver filhos havidos antes do contrato civil de coabitação mantém e responde pelo pátrio poder, sustento e educação dos mesmos, salvo cláusula em contrário. Art. 5.º O contrato civil de coabitação pode ser denunciado desde que: a) Sobre esta denúncia se manifeste de pleno acordo um dos contratantes, obrigatório para o outro; b) As cláusulas que obriguem deveres e atribuam responsabilidades não estejam sendo cumpridas; c) Um dos contratantes ou ambos assim o entendam por motivo de comportamento moral de um em relação ao outro, entendendo-se, como tal, o adultério, a embriaguez contumaz, o vício e uso de tóxicos, desvios sexuais, maus-tratos com perigo à integridade física, à saúde e à vida de um dos contratantes, traumas psíquicos, psicológicos, neurológicos e morais; d) Sobrevenha a um dos contratantes doença contagiosa incurável ou insanidade mental comprovada. Art. 6.º Na vigência de um contrato civil de coabitação os contratantes estão impedidos de celebrarem outro, sob pena de responderem civilmente pelos seus atos, indenizando as partes contrárias, em ambos os contratos simultâneos, no valor das indenizações exigidas por danos morais e pessoais. Parágrafo único. Ocorrendo a hipótese do *caput* deste artigo os contratos referidos ficam anulados. Art. 7.º A contratante varoa, para fins de previdência social, é dependente do contratante varão e esta dependência somente vigora durante a vigência do contrato. Art. 8.º A morte de um dos contratantes põe fim ao contrato e ao condomínio dos bens, sem gerar direito de herança, senão em relação aos descendentes, que herdam de ambos os condôminos. Art. 9.º Os bens possuídos em condomínio pelos contratantes do contrato civil de coabitação serão inventariados a cada 24 (vinte e quatro) meses devendo este inventário ser averbado ao registro do contrato no Cartório onde o mesmo foi registrado. Parágrafo único. A não averbação no período estabelecido faz clara a inexistência de bens condominiais quando da denúncia do contrato. Qualquer dos contratantes pode promover aquela averbação. Art. 10 O poder Executivo regulamentará esta lei no prazo de 90 (noventa) dias a contar de sua publicação. Art. 11 Esta Lei entra em vigor na data de publicação do decreto que a regulamentar." CAHALI. *Contrato de Convivência*. Ob. Cit. p. 16.

[27] "O Código Civil de 1916 usou a expressão *desquite* para designar a separação judicial de pessoas e bens, sem, contudo, dissolver-se o vínculo matrimonial". No Brasil até 1977 o vínculo do casamento era indissolúvel. CAHALI, Yussef Said. *In:* FRANÇA, R. Limongi (coord.). *Enciclopédia Saraiva de Direito*. São Paulo: Saraiva, v. 24, 1977, p. 266. Desquite "É um dos modos pelos quais termina a sociedade conjugal. Note-se bem: diz respeito apenas à dissolução da sociedade conjugal, isto é, da vida em comum no domicílio conjugal, que se não pode confundir com a dissolução do vínculo conjugal, que só se verifica com a morte de um dos cônjuges". SANTOS, J. M. de Carvalho. *Repertório Enciclopédico do Direito Brasileiro*. Rio de Janeiro: Borsoi, v. 16, 1947, p. 46. Em

moniais previstos no Código Civil de 1916, artigo 183, incisos I a XVI[28]. Este contrato poderia ser por prazo certo ou indeterminado, sendo as partes responsáveis pelas obrigações assumidas quando da sua denúncia. Era exigida a presença de dois bacharéis de direito em pleno exercício da advocacia, para assistir as partes e compor o rol de testemunhas. E era indispensável o registro em cartório de Títulos e Documentos, como requisitos formais para a validade desses contratos[29].

Importante ressaltar que na justificação apresentada ao projeto de lei, o Deputado quer tornar lícito um "costume que se vai alastrando pelo mundo"[30], demonstrando interesse em preservar o respeito aos impedimentos matrimoniais, exceto os desquitados, e a preocupação com a prole dos concubinos[31].

Waissmann, concluindo sua justificação ao Projeto diz: "Este em linhas gerais, não altera o instituto do casamento civil e nem cria vínculos de indissolubilidade. É, entretanto, bastante moralizador, pois elimina a presença do concubinato – relação entre pessoas impedidas de casarem ou avessas a esta fórmula contratual, sem qualquer caráter de responsabilidade legal mútua. O contrato civil de coabitação, pelo contrário, embora possa ser denunciado a qualquer tempo, cria deveres e responsabilidades, morais e legais, de proteção e amparo, inclusive para os filhos. Vale também ressaltar que o contrato civil de coabitação não envolve nenhum comprometimento com estruturas religiosas ou tradicionais. Também não é coisa inventada pelo legislador. É uma prática que encontra algum curso. Torna-se necessário dar-lhe legalidade para o bem da sociedade e

---

Portugal ocorreu o mesmo. Durante a vigência do Código Civil de Seabra, 1867, não existia o divórcio. Em 1910 (implantação da República), surgiu um diploma que admitia o divórcio, independente da forma do casamento, civil ou canônico. Mas em 1940, através de uma concordata entre a Santa Sé e o Estado Português, passou-se a restringir o divórcio apenas aos casamentos civis. Já na vigência do Código Civil de 1966, com a reforma de 496/77 de 25 de novembro, passou-se a admitir novamente a dissolubilidade do casamento independente de sua forma de celebração (laica ou religiosa). PROENÇA, José João Gonçalves. *Direito da Família*. Lisboa: Editores & Livreiros, 1996, p. 53-66. Para aprofundamento na matéria vide: COELHO. Ob. Cit. p. 582-591.

[28] DINIZ, *Código Civil Anotado*. Ob. Cit. p. 180-185. Os artigos correspondentes no atual Código Civil Português são: artigos 1601.º, 1602.º e 1604.º.

[29] Para estudo mais aprofundado sobre a matéria vide: CAHALI. *Contrato de Convivência*. Ob. Cit. p. 17- 19.

[30] Projeto de Lei n.º 1.117 de 1.975, *apud* CAHALI. *Contrato de Convivência*. Ob. Cit. p. 16.

[31] CAHALI. *Contrato de Convivência*. Ob. Cit. 18.

da família, mais protegida desta forma, juridicamente, amparada e legalmente constituída, dentro de padrões novos e consentâneos com a realidade do País"[32].

O projeto de lei, ora em tela, não foi aprovado na Comissão de Constituição e Justiça, no Congresso Nacional. Primeiro, porque a legislação brasileira ainda não estava preparada para receber lei desta magnitude, ou seja, uma lei que regulamentasse o concubinato[33]. Segundo, porque tal projeto ficou arquivado para apreciação nessa Casa Legislativa até 1979, quando o Deputado-autor saiu do Parlamento por haver acabado o seu mandato[34].

Apesar da criação da súmula 380 do STF[35], que veio instituir a presunção de condomínio dos bens adquiridos pelo esforço comum, considerando a união concubinária criadora de relações obrigacionais[36], a doutrina da época não aceitava a regulamentação total do concubinato, apenas demonstrando interesse na superficial regulamentação legislativa de proteção ao filhos, terceiros e companheiros, mas só com a finalidade de evitar o enriquecimento sem causa de um dos concubinos[37-38].

---

[32] Projeto de Lei n.º 1.117 de 1975, *apud* CAHALI. *Contrato de Convivência*. Ob. Cit. p. 18-20

[33] BITTENCOURT, Edgard de Moura. *Concubinato*. São Paulo: LEUD, 2 ed., 1980, p. 6. CAHALI. *Contrato de Convivência*. Ob. Cit. p.21

[34] CAHALI. *Contrato de Convivência*. Ob. Cit. p. 20.

[35] Súmula 380 do STF. "Comprovada a existência de sociedade de fato entre os concubinos, é cabível a sua dissolução judicial, com a partilha do patrimônio adquirido pelo esforço comum". No entendimento desta súmula, "o concubinato em si mesmo, não gera, ao ver do Pretório Excelso, qualquer direito patrimonial. É condição essencial que se comprove a contribuição para a aquisição do patrimônio durante a convivência." DIREITO, Carlos Alberto Menezes. Da União de Estável como entidade Familiar. *In: RT*. São Paulo: RT, ano 80, maio, v. 667, 1991, p. 19.

[36] Em Portugal também não foi diferente, pois as ordenações Filipinas estabeleciam um regime de bens entre os barregueiros (concubinos), considerando-os meeiros. "E o Código Civil de 1867, manteve a essência do regime das Ordenações no que respeita ao estatuto do concubinato". ALMEIDA. Ob. Cit. p. 149 e 151.

[37] VILLELA. Ob. Cit. p. 18-26. Vide também CAHALI. *Contrato de Convivência*. Ob. Cit. p.7 e 21-23. e AZEVEDO. Com promulgação da lei 9278/96, está em vigor o estatuto dos concubinos. *In: RLD*. São Paulo: Jurídica Brasileira, maio/junho, ano II, n.º 11, 1996, p. 14-26.

[38] "...provada a vida *more uxorio*, presume-se sociedade de fato, cabendo a partilha do patrimônio adquirido durante o concubinato", não sendo assim, haverá o enriquecimento ilícito por parte de um dos concubinos. VILLELA. Ob. Cit. p. 23-24. "A construção dos julgados para reparar a injustiça decorrente do desconhecimento legal da vida concubinária alcançou duas vertentes. A primeira, atribuindo à companheira que durante longa

Cediço que os fatos e as necessidades da vida são mais fortes que a vontade do Legislador e do Judiciário. Assim, a cada dia, aumentava o número de convenções realizadas entre concubinos. Estes contratos, em suma, tinham como pretensão conferir certa dignidade à relação entre os conviventes, embora nada existisse de concreto na legislação[39].

Embora tais contratos não pudessem ser registrados em cartórios, há relatos de juristas que celebravam essas convenções para seus clientes desde 1981[40]. Há descrição na doutrina de que, mesmo antes da constituição de 1988, estes pactos já começavam a gerar efeitos entre os conviventes e podiam ser usados como prova do concubinato[41]. Inclusive sendo reconhecidos em Juízo[42].

Essas convenções eram lastreadas no artigo 1.363 do Código Civil Brasileiro de 1916[43], ou seja, contrato de sociedade onde as pessoas mutuamente se obrigam a combinar seus esforços para alcançarem um fim comum, ou de forma específica para criarem uma família de fato. E, depois de concretizada a avença, era invocado o princípio da *"pacta sunt servanda"*, ou seja, obrigatoriedade dos contratos[44].

---

convivência prestou serviços domésticos ao concubino o direito a indenização por aqueles serviços. A segunda, foi aquela consagrada na já citada súmula 380 do Colendo STF. Na verdade, o que se procurou consolidar foi a idéia da inadmissibilidade do enriquecimento ilícito, 'pois o homem que se aproveita do trabalho e da dedicação da mulher não pode abandoná-la sem indenização, nem seus herdeiros podem receber a herança sem desconto do que corresponderia ao ressarcimento' como mostrou Edgar Moura Bittencourt." DIREITO. Ob. Cit. p. 19. Neste sentido STOCO, Rui. *Tratado de Responsabilidade Civil*. São Paulo: Revista dos Tribunais, 6 ed., 2004, p. 793-795. DIAS, Maria Berenice. União entre homossexuais pode virar lei. *In: Consulex*. Brasília: Consulex. ano VI, n.º 136, 2002, p. 50.

[39] Vide: CAHALI. *Contrato de Convivência*. Ob. Cit. p. 22.

[40] AZEVEDO, Álvaro Villaça. *Estatuto da Família de Fato*. São Paulo: Jurídica Brasileira, 2001, 385-387, e CAHALI. *Contrato de Convivência*. Ob. Cit. p. 22-25.

[41] PORTO, Mário Moacyr. O Concubinato e os seus Efeitos Patrimoniais. *In: Família e Casamento – Doutrina e Jurisprudência*, CAHALI, Yussef Said (coord.). São Paulo: Saraiva, 1988, p. 402. *Apud* CAHALI, Francisco José. *Contratos de Convivência na União Estável*. São Paulo: Saraiva, 2002, p. 22.

[42] *RT*. v. 557, de março de 1982, p. 64-65.

[43] Artigo 1363 do Código Civil Brasileiro de 1916: "Celebram contrato de sociedade as pessoas que mutuamente se obrigam a combinar seus esforços ou recursos, para lograr fins comuns". Em Portugal não há disposição de lei semelhante. Vide: DINIZ. *Código Civil Anotado*. p. 815-816.

[44] Artigo 928 do Código Civil Brasileiro. AZEVEDO. *Estatuto da Família da Fato*. Ob. Cit. p. 386. Vide: CAHALI. *Contrato de Convivência*. Ob. Cit. p. 22-23.

Certo é, que estes tipos de contratos passaram a regulamentar o regime patrimonial dos conviventes e para serem válidos não podiam contrariar os bons costumes, os princípios gerais de direito e as normas de ordem pública[45]. "Não podendo por exemplo, mencionar-se, nessa contratação, que ela objetiva o casamento civil"[46].

Em conseqüência, a busca desenfreada da sociedade por este tipo de convenção particular, para regulamentar o concubinato, passou a ter cada vez mais relevância o contrato de coabitação, não como casamento particular, mas, como instrumento capaz de regulamentar a vida dos concubinos e de fazer prova de sua existência, reconhecendo a união de fato como formadora da família natural.

Acompanhando as contínuas transformações da sociedade, foi promulgada a Constituição Federal Brasileira de 1988, que trouxe ao mundo jurídico um novo direito de família[47], dando legitimidade familiar a um modo de vida que por muito tempo, recebeu tratamento dispersivo e precário, sendo a primeira Constituição Brasileira a tutelar a união de fato de forma expressa no artigo 226, parágrafo 3.º.[48] Esta Constituição transformou o direito de família[49], pois deixou de limitar a família como

---

[45] CAHALI. *Contrato de Convivência*. Ob. Cit. p.23. Vide AZEVEDO. *Estatuto da Família de Fato*. Ob. Cit. p. 315.

[46] AZEVEDO. *Estatuto da Família de Fato*. Ob. Cit. p. 315.

[47] Em Portugal não foi diferente. Pois, foi com a Constituição da República de 1976, que "inaugurou-se um novo estado de relações jurídico-familiares". "Antes de 1933 as constituições portuguesas não se ocuparam do estatuto jurídico-constitucional da família. Na Constituição de 21 de agosto de 1911 foi feita uma referencia tímida a esta questão..." As disposições fundamentais sobre família são: Arts. 36.º, 67.º, 65.º, n.º 1 e n.º 3, 69.º n.º 2, 70.º n.º 3, 107.º n.º 1. Importante notar, que a redação do artigo 36.º tem praticamente a mesma formulação e conteúdo do art. 16.º, n.º 1, da Declaração Universal dos Direitos do Homem. Embora com algumas alterações significativas. ALMEIDA. Ob. Cit. p. 175-176. Vide: COELHO, Francisco Pereira. Casamento e família no direito português. *In: Temas de direito da Família*. Coimbra: Coimbra, 1986, p. 8.

[48] Art. 226, Parágrafo 3.º, da CF/88: Caput. "A família, base da sociedade, tem especial proteção do Estado. Parágrafo 3.º: Para efeito da proteção do Estado, é reconhecida a união estável entre o homem e a mulher como entidade familiar, devendo a lei facilitar sua conversão em casamento." Vide também: SANTOS, Ozéias J. *Constituição da República Federativa do Brasil*. São Paulo: Lawbook, 2002, p. 70.

[49] Após a CF/88, o direito de família passou a ser "o conjunto de princípios e normas, que disciplinam o casamento, a união estável, as relações de parentesco, os alimentos, o bem de família e os institutos de proteção ao incapaz". "As normas que disciplinam o direito de família, em regra, são cogentes, isto é, de ordem pública, insuscetíveis de modificação por vontade das partes". BARROS, Flávio A. Monteiro de. *Direito de Família*. São Paulo: CPC, 2003, p.10. Um pouco diferente do que ocorre em

sendo a união entre o homem e a mulher pelo casamento, passando a considerar família, além daquela constituída pelo matrimônio, a formada pela união de fato entre pessoas de sexo diferentes[50] e a família monoparental[51], outorgando dever ao Estado de proteger a família[52].

Portugal onde a noção jurídica de família é a do artigo 1576.º do Código Civil Português, "que, aliás sem grande rigor considera fontes das relações jurídicas familiares o casamento, o parentesco, a afinidade e a adoção." Grifo nosso. COELHO. Curso de Direito da Família. Ob. Cit. p. 27. Mas antes da CF/88, a definição de direito de família era idêntica a que hoje temos em Portugal. LAMARTINE, José L. Corrêa de Oliveira. & MUNIZ, Francisco José Ferreira. Direito de Família – Direito Matrimonial. Porto Alegre: Sérgio Antônio Fabris, 1990, p.9. Apud CZAJKOWSKI, Rainer. União livre: à luz das Leis 8.971/94 e 9.278/96. Curitiba: Juruá, 1.996, p. 20.

[50] A Constituição Portuguesa, não dispõe diretamente sobre a união de fato. Mas há doutrinas de juristas renomados que entendem que ela (união de fato) está prevista implicitamente na 1.ª parte, n.º 1, do artigo 36.º da Constituição Portuguesa. Assim entendem GOMES CANOTILHO e VITAL MOREIRA: "Conjugando, naturalmente, o direito de constituir família com o de contrair casamento (n.º 1), a Constituição não admite todavia a redução do conceito de família à união conjugal baseada no casamento, isto é, a família «matrimonializada»... O conceito constitucional de família não abrange, portanto, apenas a «família jurídica», havendo assim uma abertura constitucional – se não mesmo uma obrigação – para conferir o devido relevo jurídico às uniões familiares «de facto». Constitucionalmente, o casal nascido da união de facto também é família". CANOTILHO, J. J. Gomes. e MOREIRA, Vital. Constituição da República Portuguesa anotada. Coimbra: Coimbra Editora, 3 ed., 1993, p. 220. Já, COELHO. Curso de Direito da Família. Ob. Cit. p. 87-90 diz, onde a união estável esta implicitamente prevista na Constituição da República Portuguesa. No artigo 26.º 'direito ao desenvolvimento da personalidade'. E não previsto no artigo 36.º. Vide: VARELA. Ob. Cit. p. 24-26 e CAMPOS, Diogo Leite de. Lições de Direitos da Personalidade. In: Separata do v. LXVIII do BFDUC. Coimbra: 2.ª ed., 1992, p. 82-93. Cfr. CANOTILHO. Ob. Cit. p. 219-223. MENDES, João de Castro. Família e casamento. In: Estudos sobre a Constituição. Lisboa: v. I, 1977, p. 371.

[51] Família Monoparental, "...é a formada por qualquer dos pais e descendentes, como prescreve o art. 226 parágrafo 4.º, da Constituição Federal, independente de existir o vínculo conjugal". DINIZ, Curso de Direito Civil Brasileiro. Ob. Cit. p. 9. Em Portugal também se tem o mesmo entendimento. Vide: COELHO. Curso de Direito da Família. Ob. Cit. p. 28.

[52] BARROS. Ob. Cit. p. 9 e CAHALI, Francisco José. União Estável e Alimentos entre companheiros. São Paulo: Saraiva, 1996, p. 12. Hoje em dia "não mais é possível imaginar o Direito de Família restringindo-se a tratar de um único tipo de família, aquela originada do casamento. CZAJKOWKI. Ob. Cit. p. 26. Em Portugal, o Partido Comunista Português PCP, apresentou projeto de lei 384/VII, que previa alterações no artigo 1576.º do Código Civil Português, incluindo entre as fontes das relações jurídicas familiares a união de fato heterossexual. BENJÓ, em grande obra diz: "Não há mais família legítima ou ilegítima. Família é família, com ou sem casamento. É uma instituição social constituída à base de amor." BENJÓ, Simão Isaac. O novo Direito de Família: Casamento, União Estável e

Esta classificação da união de fato como entidade familiar pela Lei Maior Brasileira, tirou a convivência *more uxorio* da margem do sistema legal[53], isto teve como força motriz a tímida legislação até então vigente, doutrina e jurisprudência, que, como já dito, vinha reconhecendo certos efeitos as uniões concubinárias e até a contratos de coabitação[54]. Isto veio institucionalizar a união de fato[55], pois agora estava previsto em texto de lei[56], e não qualquer lei, mas sim na Constituição da República Federativa do Brasil de 1988.

Importante ressaltar, que a união de fato, não foi equiparada totalmente ao casamento[57], isto por questões morais e religiosas que ainda dificultavam o andar das engrenagens do legislativo nesta matéria, sendo a união de fato elevada a categoria de entidade familiar[58], posição esta até então desconhecida no nosso ordenamento jurídico.

Filiação. *In: RBDC*. Rio de Janeiro: n. 17, 2.º semestre, 1999, p. 181. PITÃO. Ob. Cit. p. 26. Em Cabo Verde, as uniões de fato heterossexual também são consideradas famílias.

[53] Hoje em Portugal, a união de fato é considerada parafamiliar, ou seja, não é propriamente uma relação de família, mas são equiparadas as famílias para determinados efeitos. COELHO. *Curso de Direito da Família*. Ob. Cit. p. 31 e 83. A união de fato não esta colocada à margem do direito, mas também não é reconhecida como um entidade familiar. VIANA. Ob. Cit. p. 5-9.

[54] CAHALI. *Contrato de Convivência*. Ob. Cit. p. 25-26.

[55] Vide CAHALI. *Contrato de Convivência*. Ob. Cit. p. 25. Em Portugal esta "relação foi de certo modo institucionalizada com a Lei 135/99"... COELHO. *Curso de Direito da Família*. Ob. Cit. p. 92.

[56] Com a elevação da união de fato à 'entidade familiar', ficou derrogada em parte a súmula 380 do STF, supra citada" que só considerava a união de fato geradora de relação obrigacional e não familiar. (Emb. Infr. 591011291/TJRS, declaração de voto vencedor do Des. Clarindo Favretto, j. em 9 de agosto de 1991). CZAJKOWSKI. Ob. Cit. p. 35.

[57] CAHALI. *Contrato de Convivência*. Ob. Cit. p. 26, vide também CZAJKOWSKI. Ob. Cit. p. 36. Há também uma minoria de doutrinas que afirmam a equiparação da união estável ao casamento. DIAS, Maria Berenice. *In: Boletim da AASP. n.º 1706/229*. ALVIM, Tereza Arruda A. Wenbier. Reflexões sobre alguns aspectos do processo de família. *In:* PEREIRA, Rodrigo da Cunha (coord.). *Direito de Família Contemporâneo*. Belo Horizonte: Del Rey, 1997, p. 748.

[58] "Ora, se a união estável é entidade familiar, como determinado pela Constituição, não se pode mais tratar a união entre o homem e a mulher, sem o ato civil do casamento, como sociedade de fato, ou concubinato, eis que não se trata mais de mancebia, amasiamento, mas de <u>entidade familiar.</u> Assim, entidade familiar é tanto a que se origina do casamento, como a que nasce da união estável, como ainda a comunidade formada por qualquer dos pais e seus descendentes." Grifo nosso. DIREITO. Ob. Cit. p. 22.

Esta classificação identificou o casamento e a união de fato como causas formadoras da família, somente para efeitos de proteção do Estado, ou seja, para não deixar desamparadas inúmeras famílias que viviam nesta situação[59]. Mas, para criar direitos, deveres, impor obrigações entre os conviventes, necessário se faz ter uma legislação específica, pois não é admissível a aplicação analógica ou equiparação total com as normas do casamento[60].

Malgrado, a elevação da união de fato à entidade familiar ser apenas para efeito da proteção do estado, houve a institucionalização da mesma, pois esta passou a ter a proteção da Constituição. E, com esta previsão constitucional, houve o afastamento da imoralidade e da ilicitude da convivência *more uxorio* entre uma mulher e um homem com a finalidade de constituir família, abolida que foi, pela lei, qualquer forma de discriminação para com este tipo de convivência, que de agora em diante passou a ser fonte de família[61], igual ao casamento.

---

[59] "Grande parte das nações da América Latina, notadamente face a circunstâncias sociais e culturais de seus povos, incluem em suas Constituições e Códigos Civis, dispositivos que assemelham os efeitos jurídicos do casamento aos da união livre estável. Em termos práticos, isto conduz a uma quase equiparação das situações, muito embora subsistam distinções de ordem formal. No Panamá, a Constituição de 1946 prevê a conversão da união e fato, singular e estável, em matrimônio, após dez anos de duração, através do registro civil (art. 56); na Bolívia, a Constituição de 1945 reconhece, ao lado e diferente do casamento civil, o 'casamento de fato' depois de dois anos de duração (art. 21); Na Guatemala, a antiga Constituição de 1945 falava em união estável, a atual é omissa, mas o Código Civil de 1963, no art. 173, reconhece as uniões livres, após três anos de duração, através do registro civil; Em Cuba, a antiga Constituição de 1940 permitia a equiparação (da união de fato ao casamento), a atual, de 1976, é omissa, mas o Código de Família de 1975 trata do 'matrimônio não formalizado', exigindo seu reconhecimento voluntário ou judicial para produzir efeitos; a Constituição de 1957, de Honduras, reconhece o casamento de fato com certos efeitos legais;...na Nicarágua, a Constituição de 1986 consagra que: «o matrimônio e a união de fato estão protegidos pelo Estado» (art. 72). No México, o Código Civil de 1928 para o Distrito e Territórios Federais, inclui a concubina na ordem de vocação hereditária e estabelece a presunção de paternidade para os filhos da comunhão..." O mais moderno Código Civil ibero-americano é o do direito guatemalteco, de 1963. DIREITO. Ob. Cit. p. 17-23, baseado em ALONSO, Eduardo Estrada. *Las Uniones Extramatrimoniales en el Derecho Civil Español*. Madri: Civitas, 1986, p. 121-136. Vide também: PIRES. Ob. Cit. p. 39-41.

[60] CZAJKOWSKI. Ob. Cit. p. 31-32.

[61] CAHALI. *Contrato de Convivência*. Ob. Cit. p. 27-29. "Caracterizar uniões livres estáveis como entidades familiares não é revolucionário. Se a Constituição de 1988 o fez, foi para dar foros de legalidade a um fenômeno social e humano. Fenômeno, aliás relevante para o direito, na doutrina e jurisprudência, antes que a Constituição ou qualquer lei o

Sendo assim, nem a sociedade, nem mesmo leis infraconstitucionais poderão ir contra a união estável, ou serão, com certeza, fulminadas pela inconstitucionalidade[62], visto estarem contra a *Magna Carta* que deu proteção à união de fato.

Com isto, o argumento que ainda emperrava o reconhecimento de efeitos aos contratos de coabitação caem por terra, pois estes eram baseados na imoralidade e ilicitude do objeto[63]. Os tribunais não puderam mais proibir os registros dos mesmos, pois, se assim o fizesse, estariam indo ao arrepio da Constituição por eles defendida. Com tal previsão legislativa, não há mais que se falar em ilicitude nem imoralidade do objeto quando se fala em união de fato entre pessoas de sexos diferentes.[64]

É lógico que, com isto, não quis permitir-se o nascimento de uma nova forma de casamento. Este continua sendo único, e diferente da união livre entre pessoas de sexos opostos, porque a ele pertence todo um regramento próprio, recheado de formalidades e requisitos, que, sem os quais, não existirá casamento civil.[65] O que não ocorre com a união de fato, pois esta é avessa ao total regramento[66].

---

dissesse. CZAJKOWKI. Ob. Cit. p. 14. "É neste quadro de intensas mudanças sociais que a CF/88, sensível ao que se pode deduzir das estatísticas, familiar a um modo de vida que por muito tempo recebeu tratamento dispersivo e incerto, embora nem sempre condenatório: as uniões livres e estáveis, ou uniões concubinárias, a partir das quais se constituem famílias sem casamento. CZAJKOWSKI. Ob. Cit. p. 26

[62] Para maior desenvolvimento sobre inconstitucionalidade de leis vide: FERREIRA FILHO, Manoel Gonçalves. *Curso de Direito Constitucional*. São Paulo: Saraiva, 22 ed., 1995, p. 29-36. CANOTILHO. J. J. Gomes. *Direito Constitucional e Teoria da Constituição*. Coimbra: Almedina, 3 ed., 1999, p. 888-895 e 923-926.

[63] Há tempos, em Portugal também, tanto a doutrina como a jurisprudência não consideram mais a União de Fato como algo imoral, ilegal. Pois, já há previsão no Código Civil sobre esta forma desde a reforma de 1977, que no artigo 2020.º reconheceu certos efeitos a esta forma. Hoje já existe a lei 7/2001 que regulamenta essa relação parafamiliar até entre pessoas do mesmo sexo. COELHO. *Curso de Direito da Família*. Ob. Cit. p. 83--85. e PITÃO. Ob. Cit. p. 9-13. Vide: BASTOS, Jacinto Fernandes Rodrigues. *Código Civil Português Anotado e Actualizado*. Coimbra: Almedina, 14 ed., 2003, p. 639-640. Sobre o conteúdo dos contratos como: Lei, Moral e Ordem Pública vide: VASCONCELOS, Pedro Pais de. *Contratos Atípicos*. Coimbra: Almedina, 2002, p. 330-345.

[64] CAHALI. *Contrato de Convivência*. Ob. Cit. p. 28-29.

[65] Para estudo mais profundo sobre casamento e seu regramento vide: MIRANDA, Pontes de. *Tratado de Direito Privado*. São Paulo: RT, 4 ed., Tomo VII, 1983, p. 199-441. LEVENHAGEN. Ob. Cit., p.137-139. No direito Português vide: CAMPOS. *A Invenção do Direito Matrimonial*. Ob. Cit. p. 1-138 COELHO. *Curso de Direito da Família*. Ob. Cit. p. 181-582. CAMPOS. *Lições de Direito de Família e das Sucessões*. Ob. Cit. p. 149-262.

[66] CZAJKOWSKI. Ob. Cit. p. 35.

O que se pretendia, com a elaboração de contratos válidos e passíveis de registro, era atribuir alguma formalidade e legalidade à convivência entre um homem e uma mulher com objetivo de constituir família[67], nada além disso, não deixando, com isso, de ser a união livre, um fato social.[68] "Não o cria o contrato, mas a situação de fato vivida pelos contratantes"[69].

Os contratos entre conviventes passaram, então, realmente, a regulamentar o patrimônio dos concubinos, tendo efeitos só na seara patrimonial, visto que a decisão sobre o futuro dos bens adquiridos pelo casal é direito disponível, não encontrando qualquer óbice quando celebrado por pessoas maiores e capazes[70], tendo deste modo, acontecido grande aumento no número de ocorrências destes após a promulgação da CF/88. A doutrina bem como a jurisprudência passaram a aplicar o convencionado entre os companheiros, afastando a aplicação da súmula 380 do STF.[71]

Mas, é certo que nem todas as uniões eram regidas por contratos. E, se não houvesse convenção particular entre os conviventes, ou existindo contrato entre eles, e este fosse omisso quanto ao patrimônio (só se referindo, como exemplo, ao reconhecimento da união estável para efeitos previdenciários)[72], o destino dos bens, em caso de dissolução da união, era feito com base na referida súmula que já estava sedimentada no pretório e na doutrina. E, por algum tempo coexistiram o contrato de coabitação e a sociedade de fato reconhecida pela súmula 380 do STF[73].

Ressaltando e repetindo o que acima foi dito, os contratos de coabitação tratam de direitos patrimoniais disponíveis, se celebrados por indivíduos maiores e capazes. Sendo assim, não seria correto privar os conviventes de celebrarem convenções válidas sobre o destino dos bens que adquiriram durante a vida em comum, afastando a incidência prevista na

---

[67] Mais uma vez frisando, em Portugal a União de Fato "para a generalidade de seus efeitos", não é relação familiar. COELHO. *Curso de Direito da Família*. Ob. Cit. p. 91. E sim parafamiliar.
[68] CAHALI. *Contrato de Convivência*. Ob. Cit. p. 29.
[69] CAHALI. *Contrato de Convivência*. Ob. Cit. p. 29.
[70] CAHALI. *Contrato de Convivência*. Ob. Cit. p. 31.
[71] Vide: CAHALI. *Contrato de Convivência*. Ob. Cit. p. 30-31.
[72] CAHALI. *Contrato de Convivência*. Ob. Cit. p. 34.
[73] "A referida súmula passou a representar um paradigma jurídico pelo qual se criou um efeito patrimonial decorrente da união estável, e não apenas uma aplicação clássica do art. 1363 do Código Civil". CAHALI. *Contrato de Convivência cia*. Ob. Cit. p. 33.

súmula 380 da Suprema Corte Brasileira[74]. "Com efeito, o princípio da autonomia da vontade privada permite aos concubinos essa auto-ordenação de aspectos relevantes de sua vida em comum."[75]

E sendo válido o contrato de coabitação, pois a partir da CF/88, passou a ser pautado pela moralidade e licitude, resta análise, em capítulo apropriado, quanto a suas características gerais, conteúdo, efeitos e peculiaridades, apesar de não haver qualquer regramento específico sobre ele até hoje.[76]

2. O contrato de coabitação em face das leis 8971/94 e 9278/96

A lei 8971, de 29 de dezembro de 1994[77-78], já foi equivocadamente intitulada de 'Estatuto dos Concubinos', visto que esta lei não apresenta características de estatuto. Além de seu texto ser excessivamente conciso e conseqüentemente lacunoso[79], só veio conceder aos companheiros alguns direitos que eram peculiares de pessoas casadas e, que, até tal momento, não eram concedidos aos conviventes[80].

---

[74] CAHALI. *Contrato de Convivência*. Ob. Cit. p. 31 e 33-34.
[75] LAMARTINE. Ob. Cit. p. 100. Vide: ALBUQUERQUE, Pedro de. Autonomia da Vontade e Negócio Jurídico em Direito de Família. *In: Caderno de Ciência e Técnica Fiscal*. Lisboa: Centro de Estudos Fiscais, 1986, p. 7-46.
[76] CAHALI. *Contrato de Convivência*. Ob. Cit. p. 29-30.
[77] Íntegra da lei 8971/94 vide anexo.
[78] Na busca das raízes históricas, é importante dizer que: "Na verdade, os princípios consagrados pela Lei n.º 8971/94 constituem uma reminiscência histórica do denominado casamento *per usum*, ou *per usucapionem*, ou seja, a situação decorrente da coabitação por um ano, dentre os romanos, enquanto a referida lei previu o prazo de mais de cinco anos (art. 1.º). Desse modo, o *usus* dentre os romanos se reduzia a *usucapio*, em virtude do qual a posse da mulher por um ano dava ao marido o direito de aquisição dela, como se tratasse da aquisição de uma coisa. E, assim, a mulher entrava para o *manus* (poder) do marido. Todavia em tal casamento, a mulher se considerava simplesmente *uxor* (mulher), e não *mater familias* (mãe de família), não fruindo o direito de comunicação dos bens". SOARES, Orlando. *União Estável*. Rio de Janeiro: Forense, 3 ed., 2002, p.48-49.
[79] Saulo Ramos, apelidou a lei 8971/94, em reportagem na "Folha de São Paulo, em 21.03.1995, de 'Lei piranha' por entender que do jeito como estava escrita tal lei, ela favorecia uniões irregulares, na outorga de direitos a 'barregãs' e 'caftens', em desprestígio ao 'casamento à moda antiga'." OLIVEIRA, Euclides de. *União Estável: do concubinato ao casamento: antes e depois do novo código civil*. São Paulo: Método, 6 ed., 2003, p. 90.
[80] AZEVEDO. *Com a promulgação da lei 9278/96, está em vigor o estatuto dos concubinos*. Ob. Cit. p. 15-16. "Esta lei teve origem no Projeto 37/92 do Senado Federal,

A citada lei só regulou o direito dos companheiros a alimentos e à sucessão (herança e usufruto) e meação em caso de morte de um dos companheiros. Veio criar uma espécie de 'regime de bens' entre os conviventes. Não obstante, que em seu artigo 3.º, diga apenas em participação ao patrimônio quando da dissolução por morte de um dos membros da união de fato.[81]

Esse entendimento como 'regime de bens', tem base na doutrina da época, o qual entendia que a mesma regra podia ser aplicada quando a dissolução da sociedade se desse em vida, pois baseavam suas afirmações, em que a titularidade do patrimônio e o direito à partilha, tinham "sua origem na aquisição dos bens durante a união, e não pela morte de um dos conviventes, que será, simplesmente, o momento para se exercer o direito ao patrimônio"[82].

Importante dizer que, antes da promulgação da Constituição Federal de 1988 e, antes da lei ora em análise, a jurisprudência brasileira vinha negando alimentos aos unidos de fato, salvo se estes fossem previstos por contrato escrito[83]. Por isto, com a promulgação desta lei, ficou certa a obrigação alimentar[84] e o direito à sucessão aos membros da união de

---

apresentado por iniciativa do então Senador Nelson Carneiro. Sem que submetida a mais amplo debate no mundo jurídico, teve tramitação relativamente rápida, sendo aprovada no apagar das luzes de 1994, com publicação no dia 30 de dezembro, quando entrou em vigor". Vide também: OLIVEIRA. *União Estável*. Ob. Cit. p. 89.

[81] CAHALI. *Contrato de Convivência*. Ob. Cit. p. 36. Vide: AZEVEDO. *Com a promulgação da lei 9278/96, está em vigor o estatuto dos concubinos*. Ob. Cit. p. 15-16 e OLIVEIRA. *União Estável*. Ob. Cit. p. 88.

[82] CAHALI. *Contrato de Convivência*. Ob. Cit. p. 37.

[83] *RT*. v. 595 de maio de 1985, p.270-273, *RT*. v. 516/58 de outubro de1978, p. 58- -60 e *RT*. v. 557 de março de 1982, p. 64-65.

[84] Em Portugal: "o direito a alimentos em vida dos membros (da união de facto), não está reconhecido no nosso direito, nem se tem admitido a sua atribuição em sede jurisprudencial..." Pois, tal direito não está previsto em lei. Sendo assim "a cessação da união de facto, por acto unilateral e injustificado de um dos seus membros, não confere ao outro o direito a alimentos." PITÃO. Ob. Cit. p. 187. Vide também ALMEIDA. Ob. Cit. p. 197-201. Confronte, *Acórdão do Tribunal de Justiça*, de 04.02.1992, *Colectânea de Jurisprudência. Acórdãos do Supremo Tribunal de Justiça*. Tomo V, 1992, p. 89. Os alimentos só podem ser exigidos da herança do falecido. Artigo 2020.º do Código Civil Português (este artigo só é válido para uniões de fato heterossexuais, pois fala em vida em condições análogas às dos cônjuges. Assim os alimentos só serão fixados quando haja necessidade do alimentado e possibilidade do alimentante (artigo 2004.º, n.º 1 do Código Civil Português, ou seja, a herança ter bons rendimentos. PITÃO. Ob. Cit. p. 189-192. Vide também: COELHO. *Curso de Direito da Família*. Ob. Cit. p. 112-113.

fato independentemente de contrato[85]. Mas, esse direito a alimentos só era devido após o decurso do prazo de cinco anos previsto na lei, ou superveniência de prole ao casal.[86]

Com isso, surge a dificuldade de se fazer a comprovação da união de fato, para contagem do tempo de duração. A prova dos filhos pertencer ao casal fazia-se com certidão de nascimento. E, a prova do tempo de duração da união fazia-se com contrato de locação, cartas, fotografias, endereço do casal, notas fiscais, certidão de casamento religioso sem efeitos civis, testemunhas e contrato de coabitação, que era muito usado na época, sendo reconhecido como meio de prova da união de fato[87].

Já, em seu artigo segundo, a lei ora em tela, cuida do direito sucessório dos unidos de fato, prevendo que o companheiro que sobreviver, enquanto não constituir nova união, terá direito ao usufruto da quarta parte do patrimônio do companheiro falecido, se houver prole deste ou do casal. Já, se não houver prole, esse usufruto será da metade, mesmo que haja ascendentes. E, na falta de descendentes e de ascendentes, o companheiro sobrevivente terá direito à totalidade da herança[88], além, é claro, de outros direitos na seara previdenciária.

---

[85] "Se a relação concubinária provoca a perda de alimentos percebidos em decorrência de anterior casamento, como é pacífico em nosso país, obviamente esta linha de pensamento só pode partir do pressuposto da existência de um dever alimentar entre concubinos". PEREIRA, Sérgio Gischkow. *In: RT* v. 657, de março de 1990, p.20.

[86] AZEVEDO. *Com a promulgação da lei 9278/96, está em vigor o estatuto dos concubinos.* Ob. Cit. p. 15.

[87] AZEVEDO. *Com a promulgação da lei 9278/96, está em vigor o estatuto dos concubinos.* Ob. Cit. p. 15-16. No direito Lusitano, a união de fato também não pode ser objeto de registro civil, pois não vem expresso no art. 1.º CRegCIV, nem de registro administrativo (municipal), "não se torna fácil então saber quando a união de facto se inicia." E é importante sabê-lo, pois só a partir dessa data se contam os dois anos que devem decorrer para que a união de facto produza os efeitos previstos..." "A prova da união de facto é normalmente testemunhal; não há em regra uma prova pré-constituída. Mas a possibilidade de prova documental não deve ser excluída." Pode admitir-se como prova da união de fato: Certidão da junta da freguesia da residência dos interessados de que duas pessoas vivam em união de fato. Declaração prestada pelos progenitores perante o conservador do registro civil. "Ou ainda do instrumento notarial em que os sujeitos da relação disponham sobre aspectos patrimoniais da união de facto, a admitir-se tal possibilidade." COELHO. *Curso de Direito da Família.* Ob. Cit. p. 94, Vide também: CID, Nuno de Salter. *A proteção da casa de morada de família no direito português.* Coimbra: Almedina, 1996. p. 394.

[88] AZEVEDO. *Com a promulgação da lei 9278/96, está em vigor o estatuto dos concubinos.* Ob. Cit. p. 16.

Como é de notar, na falta de descendente e ascendente, o companheiro sobrevivente torna-se herdeiro legítimo. Posição esta assumida como se fosse cônjuge (artigo 2.º, inciso III da lei 8971/94).[89]

Como é de fácil percepção, a lei, ora em análise, não faz menção expressa a contratos de coabitação, mas também não os repele. Não existe lei no ordenamento jurídico brasileiro que imponha limites à autonomia da vontade das partes de disporem de seu patrimônio futuro. Sendo assim, o contrato de coabitação continua tendo seus efeitos reconhecidos tanto na doutrina quanto na jurisprudência, mas não para afastar o condomínio previsto na súmula 380 do STF, e sim aquele previsto no artigo 3.º da lei 8971/94[90].

Mas referida lei teve vida efêmera[91], visto que, em menos de dois anos, foi promulgada uma outra lei, esta sim denominada no mundo

---

[89] KICH, Bruno Canísio. *Contrato de Convivência (concubinato – "Union de Hecho")*. Campinas: Agá Júris, 2 ed., 2001, p. 84. Em Portugal, a Lei 7/2001 (Lei da União de Facto), hoje em vigor, omite qualquer referência à sucessão *mortis causa* do companheiro sobrevivo. Mas, existem proteções tiradas de princípios da lei civil nesta matéria. As proteções em suma são: Concede ao convivente sobrevivo o direito real de habitação da casa de morada comum pelo prazo de cinco anos (arts. 3.º, al. *a*) e 4.º, n.ºs 1 e 2); direito de preferência ao sobrevivo, na venda da casa, pelo prazo de cinco anos (art. 4.º, n.º 1 *in fine*); transmissão ao sobrevivo do direito ao arrendamento para habitação (art. 5.º); direito ao sobrevivo ao subsídio por morte e à pensão de sobrevivência (art. 6.º); concede também direito ao sobrevivo o direito às prestações por morte resultante de acidente de trabalho ou doença profissional (art. 3 al. *f*)) e às pensões a preço de sangue e por serviços excepcionais e relevantes prestados ao país (art. 3.º al. *g*)). Todos os artigos acima citados são da Lei 7/2001. COELHO. *Curso de Direito da Família*. Ob. Cit. p. 112-116 e PITÃO. Ob. Cit. p. 297-308.

[90] "Nada impede, inobstante, que os concubinos, a exemplo do que se faz no casamento, estabeleçam, adrede, melhor seja expressa e por escrito a forma da comunicação dos bens, podendo, inclusive, excluir, como no regime de separação total de bens, a comunicação daqueles adquiridos na constância da vida *more uxorio*. Tal ajuste, por ser vontade das partes, deve ser respeitado, via de regra, com base no princípio da *pacta sunt servanda*". AMARAL, José Amir do. Concubinato. Alimentos. Sucessão. Partilha de bens. *In: AJURIS* 65/152). Apud CAHALI, Francisco José. *Contrato de Convivência na União Estável*. São Paulo: Saraiva, 2002, p. 39. Vide: KICH. Ob. Cit. p. 54-58.

[91] Vida curta também teve a lei 135/99 em Portugal, pois foi revogada pela lei 07/2001. Esta Lei foi denominada de Lei da União de Fato. Veio trazer "princípios básicos orientadores dos efeitos a atribuir às situações em que um homem e uma mulher vivem em condições análogas às dos cônjuges, sem que com tudo tenham celebrado casamento entre si". Foi resguardada toda legislação até então vigente que atribuía efeitos a essas uniões. Utilizou para isto, um critério remissivo de âmbito genérico para grandes áreas de regulamentação como: proteção social, adoção e imposto sobre o rendimento das pessoas singulares, equiparando-as ao matrimônio. De novo, a Lei Lusitana ora em tela, só trouxe

jurídico de 'Estatuto dos Concubinos ou da União Estável'[92], Lei 9278, de 10 de maio de 1996[93].

Esta Lei veio tentar regulamentar, de forma pormenorizada, o artigo 226, parágrafo 3.º, da Constituição Federal Brasileira. Mas, também, deixou de regulamentar vários aspectos e não corrigiu todas as falhas da Lei 8971/94.[94]

Importante trazer a lume, que a novel legislação foi a primeira a trazer expressa em seus artigos o contrato de coabitação, como forma válida a regulamentar os bens adquiridos na constância da união de fato pelos seus membros[95].

A Lei, ora em análise, é composta de oito artigos, dos quais somente seis têm substância, visto que dois deles, os últimos, só se referem à data de vigência e à revogação de disposições em contrário.[96]

No artigo 1.º vem confirmar o que já estava previsto na Constituição de 1988, ou seja, reconhecer a convivência duradoura, pública e contínua, de pessoas de sexos diferentes com o objetivo de constituir família, como entidade familiar, não fazendo nenhuma referência ao tempo de duração

---

o regime de proteção a casa de morada e acabou com as dúvidas que havia quanto a execução prática das prestações por morte de beneficiário de segurança social. Estipulou prazo mínimo de durabilidade da união (2 anos) para esta gerar seus efeitos e impôs uma série de impedimentos ao seu reconhecimento (art. 2.º). PITÃO. Ob. Cit. p. 5 e 6.

[92] Apesar de após a CF/88 não se utilizar mais o termo 'concubino', no mundo jurídico tal lei era assim denominada. AZEVEDO. *Com a promulgação da lei 9278/96, está em vigor o estatuto dos concubinos.* Ob. Cit. p. 14-26. Vide: PENTEADO, Ricardo. O Estatuto da União Estável. *In:* NAZARETH, Eliana Riberti. *Direito de Família e Ciências Humanas.* e outros. São Paulo: Jurídica Brasileira, Caderno de estudos 1, 1997. De modo diverso pensa GAMA, Guilherme Calmon Nogueira. *O Companheirismo, uma Espécie de Família.* São Paulo: Revista dos Tribunais, 2 ed., 2001, p. 347.

[93] Íntegra da Lei 9278/96 vide anexo.

[94] Vide: CAHALI. *Contrato de Convivência.* Ob. Cit. p. 41. "Ora, um Estatuto para o concubinato, detalhadamente e tentando preencher todas as lacunas da não-regulamentação, estaria criando um casamento de segunda classe e interferindo em excesso, na liberdade dos sujeitos de não se casarem." PEREIRA, Rodrigo da Cunha. *Concubinato e União Estável.* Belo Horizonte: Del Rey, 1999, p. 117-118. Pensamento diferente tem OLIVEIRA. *União Estável.* Ob. Cit. p. 96-97. Que diz que o ideal seria uma regulamentação completa sobre a matéria. Do mesmo modo era em Portugal, pois a lei 135/99, que estava em vigor nesta época também não teve a pretensão de regulamentar de forma total o instituto, visto que só "veio estabelecer princípios básicos orientadores". PITÃO. Ob. Cit. p. 5 e 71, n.1.

[95] Vide KICH. Ob. Cit. p. 53-54.

[96] OLIVEIRA. *União Estável.* Ob. Cit. p. 94.

para caracterização da união de fato e nem a requisitos pessoais dos conviventes que estavam previstos na Lei anterior 8971/94.[97]

Consta no artigo 2.º uma relação de direitos e deveres recíprocos aos conviventes que são: respeito e consideração mútuos; assistência recíproca moral e material; guarda, sustento e educação da prole em comum. É de se notar, que a coabitação ou vida em comum no mesmo domicílio não vem elencada como direitos e deveres. Isto se deu, pela existência da súmula 382 do STF[98], que admite a possibilidade de configuração da união de fato mesmo se os conviventes residirem em locais diferentes.[99]

O artigo 7.º cuida do direito à prestação de alimentos ao companheiro que dele necessitar, em caso de dissolução da união de fato em vida dos conviventes. Entretanto, se a dissolução se der por morte de um dos membros da união, o sobrevivente terá direito real de habitação do imóvel destinado à residência da família, em caráter vitalício, enquanto não constituir nova união ou casamento (parágrafo único).[100]

A exigência constitucional, prevista no parágrafo 3.º do art. 226 da CF/88, de facilitar a união de fato em casamento, foi atendida no artigo 8.º da referida lei, que prevê que os conviventes poderão, de comum acordo e a qualquer tempo, requerer a conversão da união em casamento, por simples requerimento ao Oficial do Registro Civil da Circunscrição de seu domicílio.[101]

Já, o artigo 9.º fixou a competência do Juízo da Vara de Família para tratamento das questões que envolvem a união de fato, assegurado o segredo de justiça. O artigo 10 estabelece a data para a lei entrar em vigor, e o artigo 11 revoga as disposições em contrário.[102]

---

[97] OLIVEIRA. *União Estável.* Ob. Cit. p. 94. Não mais subsistem os requisitos pessoais e temporais para o reconhecimento da união de fato, bastando que a convivência se revele duradoura, pública e contínua. OLIVEIRA. *União Estável.* Ob. Cit. p. 98. Em terras Lusitanas, a Lei 135/99 impunha um prazo mínimo de dois anos para a caracterização da união de fato.

[98] Súmula 382 do STF: "A vida em comum sob o mesmo teto, *more uxorio*, não é indispensável à caracterização do concubinato."

[99] OLIVEIRA. *União Estável.* Ob. Cit. p. 94. VIANA. Ob. Cit. p. 31-33. Vide: Acórdão do STJ n.º Resp. 474.581/MG (2002/0127056-4). *In: IOB.* n.º 22, 2.º quinzena de novembro de 2003, v. III, ementa 20888. p. 604. Em Portugal, os membros da união de fato não estão vinculados por nenhum dos deveres pessoais expressos no art. 1672.º do Código Civil Português. COELHO. *Curso de Direito da Família.* Ob. Cit. p. 100.

[100] OLIVEIRA. *União Estável.* Ob. Cit. p. 95. VIANA. Ob. Cit. p. 35-44 e 68-70.

[101] OLIVEIRA. *União Estável.* Ob. Cit. p. 96. VIANA. Ob. Cit. p. 72-74.

[102] KICH. Ob. Cit. p. 55-56.

Foram omitidas, até o momento, as análises dos artigos 3.º, 4.º, 5.º e 6.º, da lei 9278/96, que, passaremos a analisá-los a partir de agora com maior cuidado, visto serem de maior importância para nosso estudo, pois tratam dos contratos de coabitação.

Malgrado, tenham sido vetados os artigos 3.º, 4.º e 6.º não tendo qualquer eficácia portanto, faremos suas análises, com o texto do último Projeto de Lei na Câmara dos Deputados (Projeto n.º 1888-F/1991)[103], projeto este, que após três vetos presidenciais[104], veio converter-se na lei 9278/96.[105]

O artigo 3.º do Projeto de Lei assim reza: "Os conviventes poderão, por meio de contrato escrito, regular seus direitos e deveres, observados os preceitos desta Lei, as normas de ordem pública atinentes ao casamento, os bons costumes e os princípios gerais de direito." Tratava o referido artigo 3.º sobre o contrato escrito de vida em comum, de que podiam valer-se os companheiros para regulamentar seus direitos e deveres, principalmente na seara patrimonial, podendo estes criarem regras, por exemplo, considerando particulares alguns ou todo o patrimônio adquirido na constância da união de fato, ou ainda, contratando, de modo genérico, o destino de seus bens, seja em condomínio, seja em estado de separação total ou parcial[106].

Segundo a boa doutrina, podiam ainda os membros da união contratar sobre outros direitos e deveres, com relação aos filhos e entre o próprio casal, convencionando sobre pensionamentos, seguros, dentre outras hipóteses.

Mas, este artigo viria impor limites à liberdade de contratar, quando falava que deveriam ser observadas as 'normas de ordem pública atinentes ao casamento'. Estas são normas cogentes e não podem ser modificadas devendo ser respeitadas. Isto causou grande incômodo, pois estava-se igualando o matrimônio com a união de fato. No tocante aos bons costumes e aos princípios gerais de direito, estes devem ser obedecidos em qualquer tipo de contratação, ainda mais quando essa contratação se dá no âmbito do direito de família.[107]

---

[103] Íntegra do Projeto de Lei 1888-F/91 vide anexo. AZEVEDO. *Com a promulgação da lei 9278/96, está em vigor o estatuto dos concubinos.* Ob. Cit. p.19.

[104] Os três vetos presidenciais acabaram com a eficácia dos artigos 3.º, 4.º e 6.º da Lei 9278/96.

[105] CAHALI. *Contrato de Convivência.* Ob. Cit. p. 41.

[106] AZEVEDO. *Com a promulgação da lei 9278/96, está em vigor o estatuto dos concubinos.* Ob. Cit. p. 19.

[107] Vide: CAHALI. *Contrato de Convivência.* Ob. Cit. p. 42.

O também vetado artigo 4.° dizia: "Para valer contra terceiros, o contrato referido no artigo anterior deverá ser averbado no competente Cartório de Registro Civil."[108] Como é de fácil percepção, este artigo tratava de regulamentar o registro do contrato de coabitação nos cartórios. Este registro civil tinha comunicação com os Cartórios de Registro de Imóveis, os quais eram informados para fazerem averbação, caso as convenções entre os conviventes recaíssem sobre bens imóveis.[109]

Importante dizer que o registro desses contratos era para dar eficácia contra terceiros. Mas, independentemente de qualquer registro, essas convenções eram válidas entre os contratantes.

O artigo 6.°, também vetado, cuidava da dissolução da união de fato, seja esta pelo falecimento de um dos seus membros, seja por vontade das partes, denúncia ou rescisão do contrato, merecendo consideração dizer que essas são as causas de extinção dos contratos em geral, inclusive do contrato de casamento.[110]

Assim rezava o *caput* do artigo 6.° "A união estável dissolver-se-á por vontade das partes, morte de um dos conviventes, rescisão ou denúncia do contrato por um dos conviventes."

A justificativa de veto a estes artigos[111] foi de querer evitar que a união de fato tivesse muitas formalidades previstas em lei. E, a amplidão que estava dando aos contratos de coabitação para a criação da união estava importando em admitir um verdadeiro casamento particular, ainda mais quando falava que o 'contrato escrito deve observar os preceitos atinentes ao casamento', seguido de posterior registro civil. E isso, com certeza, não era a intenção do legislador.[112]

---

[108] CAHALI. *Contrato de Convivência*. Ob. Cit. p. 41- 42.

[109] AZEVEDO. *Com a promulgação da lei 9278/96, está em vigor o estatuto dos concubinos*. Ob. Cit. p. 20.

[110] AZEVEDO. *Com a promulgação da lei 9278/96, está em vigor o estatuto dos concubinos*. Ob. Cit. p. 21.

[111] Íntegra da justificativa de veto do Presidente da República, vide anexo.

[112] "Embora não se possam prever os reflexos no mundo jurídico da interpretação que viria a ser dada aos artigos vetados, importa observar que, realmente, em uma superficial análise dos dispositivos, chega-se a prever a formalização completa das uniões estáveis, em procedimento cartorário exatamente idêntico ao previsto para o casamento civil, no qual há o registro perante o Cartório de Registro Civil das Pessoas Naturais, e registro e averbações do pacto ou convenções antenupciais junto ao Cartório de Registro de Imóveis. CAHALI. *Contrato de Convivência*. Ob. Cit. p. 42-43 e 53. Vide: CZAJKOWSKI. Ob. Cit. p. 104-105. Pensamento contrário. VELOSO. Ob. Cit. p.81. e PIZZOLANTE, Francisco E. O. Pires e Albuquerque. *União Estável no Sistema Jurídico Brasileiro*. São Paulo: Atlas, 1999, p. 94.

Diferente seria, se não houvesse o veto, visto que a união de fato passaria de fato jurídico para ato jurídico[113]. E, isto seria modificar a essência dessa figura, pois iria aproximá-la muito do casamento, indo contra a vontade dos companheiros, que escolheram esta forma de união, por não ser regulamentada pelo Estado[114]. Cediço é, que a união de fato é avessa ao total regramento[115].

É relevante mais uma vez trazer a lume, que união de fato e matrimônio são dois institutos completamente diferentes, tanto na sua forma quanto na sua origem. Sendo assim, não podem ter regulamentação igual. Muito pelo contrário, eles devem ser tratados nestes aspectos de forma a serem ressaltadas as respectivas distinções.[116]

Não que pensemos que o Estado deva furtar-se de conceder direitos aos unidos de fato, pois, se assim o fosse, estaríamos pensando contra a

---

[113] Ato Jurídico: "É toda manifestação lícita da vontade, que tenha por fim criar, modificar, extinguir uma relação jurídica" FRANÇA, R. Limongi (coord.). *Enciclopédia Saraiva de Direito*. São Paulo: Saraiva, v. 9, 1977, p. 20-27. Fato Jurídico: "Na lição de Savigny, são os acontecimentos em virtude dos quais as relações de direito nascem, bem como se modificam e se extinguem. FRANÇA. Ob. Cit. v. 36, p. 347-348.

[114] "É de se perguntar então: caso o concubinato tenha suas regras estabelecidas pelo Estado qual alternativa restaria à pessoa que não quisesse se casar e preferisse o concubinato? Certamente nenhuma, pois os regulamentos do concubinato são sempre de aproximá-lo do casamento e, desta maneira, ainda que não se casasse, a pessoa estaria em um instituto idêntico ao casamento, embora com outro nome. Na verdade, e segundo esse raciocínio, regulamentar o concubinato seria quase que acabar com ele, matá-lo em sua essência, que é exatamente não estar preso às regras do casamento." CAHALI. *Contrato de Convivência*. Ob. Cit. p. 47. "Mas não podemos confundir, entretanto, a não-regulamentação das uniões com a não-proteção do Estado a este tipo de união, seu reconhecimento enquanto forma de família e como instituto tem conseqüências jurídicas." PEREIRA. *Concubinato e União Estável*. Ob. Cit. p. 56.

[115] CAHALI. *Contrato de Convivência*. Ob. Cit. p. 44. "Conferir à união livre roupagem jurídica previamente confeccionada contraria a natureza do instituto, destacado exatamente pela voluntária não submissão a regras preexistentes. O concubinato não se ajusta à moldura solene e formal com regras rígidas estabelecidas na norma. Ele existe no plano fático. E da sua verificação são traçados efeitos jurídicos. Sua formação, pela vontade e convicção de seus partícipes, é exatamente independente de um regramento preestabelecido por regras rígidas e formais impostas pelo Estado." CAHALI. *Contrato de Convivência*. Ob. Cit. p 43. "Registre-se, então, e podemos perceber a razão, que todas as tentativas de regulamentação do concubinato culminaram em vão, pois esbarram na contradição de sua essência, seu cerne, é exatamente não querer intervenção do Estado. Isto é o que acontece na quase totalidade dos países europeus, ou seja, o instituto do concubinato, com qualquer nome que lhe seja dado, escapa e escapará sempre às imposições e às tentativas de normatização". PEREIRA. *Concubinato e União Estável*. Ob. Cit. p. 55.

[116] CAHALI. *Contrato de Convivência*. Ob. Cit. p. 44-45.

Capítulo I – Antecedentes Históricos do Contrato de Coabitação no Brasil   41

Lei Maior de nosso país, que institucionalizou esta figura. Mas, que o Estado, incluindo-se aí também o legislador, deve restringir sua atuação na previsão de efeitos para a união estável, "que, na essência, continua sendo um fato jurídico, não um ato".[117]

Importante salientar que o contrato de coabitação não foi proibido por inteiro. Foi sim vetado, nos artigos acima estudados, a formação da união de fato por contrato, com aparência similar ao casamento. Mas, não foi afastada a possibilidade de convenção escrita entre os companheiros, visando a efeitos patrimoniais da relação, ou seja, não foi tolhida a possibilidade de os companheiros contratarem voluntariamente sobre o destino dos bens futuros e presentes. E, na falta dessas convenções, deveria prevalecer o comando contido na norma.

Assim preceitua o artigo 5.º da Lei sob exame: "Os bens móveis e imóveis adquiridos por um ou por ambos os conviventes na constância da união estável e a título oneroso são considerados fruto do trabalho e da colaboração comum passando a pertencer a ambos, em condomínio e em partes iguais, salvo estipulação contrária em contrato escrito."

Parágrafo 1.º "Cessa a presunção do *caput* deste artigo, se a aquisição patrimonial ocorrer com o produto de bens adquiridos anteriormente ao início da união."

Parágrafo 2.º "A administração do patrimônio comum dos conviventes compete a ambos, salvo estipulação contrária em contrato escrito."

É de fácil percepção, que, neste artigo, temos a primeira aparição expressa do contrato de coabitação em lei, no Brasil[118], tratando referido

---

[117] PEREIRA. *Concubinato e União Estável*. Ob. Cit. p.56. "O que o Estado não pode e não deve é interferir na liberdade do sujeito de viver ou experienciar relações de natureza diferente daquelas por ele instituídas e determinadas." PEREIRA. *Concubinato e União Estável*. Ob. Cit. p.56. No mesmo sentido: "...regulamentar o concubinato seria interferir na liberdade dos sujeitos, que exatamente escolhem uma relação não regulamentada pelo Estado. Ora, se as pessoas não se casam oficialmente é porque não o querem fazer, ainda mais com as possibilidades e facilidades do divórcio. É de se perguntar então: caso o concubinato tenha suas regras estabelecidas pelo Estado qual alternativa restaria à pessoa que não quisesse se casar e preferisse viver em regime de concubinato?..." CAHALI. *Contrato de Convivência*. Ob. Cit. p. 47. Vide também VILLELA, João Baptista. *Família Hoje. In:* BARRETO, Vicente (org.). *A Nova Família – Problemas e Perspectivas*. Rio de Janeiro: Renovar, 1997, p. 81. Importante dizer que em Portugal, a matéria também não foi totalmente codificada, ou seja, regulamentada. PITÃO. Ob. Cit. p. 71-72.

[118] Os contratos de coabitação, não são soluções tão atuais assim. Já, no século XIII tem-se relatos de na Córsega, ter sido celebrado um contrato de concubinato entre "*Iohaneta*

texto legal, da meação sobre o patrimônio conquistado durante a união de fato, a título oneroso, considerando esses bens como fruto do trabalho comum, salvo se houver contrato escrito, estipulando de modo diverso.

Outra exceção ao condomínio previsto neste artigo, é se a aquisição do patrimônio se der a título gratuito, ou com produto de bens anteriores ao início da união de fato.

Essa presunção de condomínio prevista na lei (artigo 5.º) sobre os bens adquiridos a título oneroso é considerada pela doutrina e jurisprudência como absoluta[119]. Ou seja, ressalvadas as exceções expressas em lei, a presunção da colaboração de ambos para a aquisição do patrimônio

---

Oliveti e Marco Bentrame, no qual Oliveti se comprometia a constituir-se *serviciali et amaxia* de Bentrame que por sua vez se comprometia a cuidar dela e a vesti-lá durante um período de seis anos." Íntegra do referido contrato: "*Ego Iohaneta Oliveti promito et convenio tibo Marco Bentrame veneto me stare debere tecum pro tua serviciali et amaxia usque ad annos sex proximos venturos et venire tecum in omini loco et terra quo iveris et me tecum ducere vulueris pro facere tibi omina tua servicia personae tuae et domus tuae, te et res tuas salvare et custodire bona fide et sine fraude, a te nec a mi servitio non discedere usque ad dictum terminum sine tua licentia et mandato, te mihi dante pro mercede mea victum et vestitum convinientem et in fine dictorum annorum sex si me demittere volueris dabis mihi pro remuneratione et mercede nea libra decem jan. Versa vi ego dictus Marcus promito et convenio tibi dictae Iohaneta tenere te pro mea serviciali et amaxia usque ad dictum terminum et ducere te mecum in quacumque parte seu terraivero et dare tibi victum et vestitum convinientem et tenere et custodire te sanam in infirmam usque ad dictum terminum et fine dictorum annorum sex si ad inde in antae noles mecum remanere, dare tibi pro mercede tua libras decem jan, ad tuam voluntatem. Actum in Bonifacio in domo qua habitat dicta Iohaneta, testes Iohanimus de Predono, Martinus filius Crest de Iadra, Ianimus de Avia de ladra, MCCLXXXVII, ind, XV, die VIII decenbris circa nona*" BARNI, Gian Luigi. In: *Un contrato de concubinato in Corsiga nel XII secolo*, RSDI, anno XXII, 1949, v XXII. Apud ALMEIDA, Geraldo da Cruz. *Da União de Facto convivência more uxorio em direito internacional privado*. Lisboa: Pedro Ferreira, 1999, p. 202 e nota 407. "*En la Cataluña de los siglos X y XI ya se tienen noticias de contratos de mancebía, y en el año 1361 la Carta de Avila indica com el título de «carta de mancebía o compañería» la constitución de um convenio entre el señor y la «barragana»...*" ALONSO, Eduardo Estrada. *Las Uniones Extramatrimoniales en el Derecho Civil Español*. Madri: Civitas, 1986, p. 136.

[119] CAHALI. *Contrato de Convivência*. Ob. Cit. p. 49. OLIVEIRA. *União Estável*. Ob. Cit. p. 95. VELOSO, Zeno. *União Estável–Doutrina, Legislação, Direito Comparado, Jurisprudência*. Belém: CEJUP, 1997, p. 83. Há entendimentos contrários, de que essa presunção não seja absoluta, e sim relativa. Como do Professor Alvaro Villaça de AZEVEDO. *Com a promulgação da lei 9278/96, está em vigor o estatuto dos concubinos*. Ob. Cit. p. 20-21. PEREIRA, Rodrigo da Cunha. *Concubinato e União Estável*. Ob. Cit. p. 117. CZAJKOWSKI. Ob. Cit. p. 110.

torna-se absoluta (*iuris et de iure*) e não *iuris tantum* (relativa), não admitindo prova em contrário, e dispensando prova de esforço comum na aquisição de bens.[120] Analogia que se faz com o regime de comunhão parcial de bens do casamento[121].

Importante ressaltar que, além de o legislador preocupar-se com o aspecto patrimonial da união, criando normas que prevêem o condomínio dos bens móveis e imóveis adquiridos por um só ou por ambos os membros a título oneroso, visto os considerar fruto do trabalho e da colaboração comum, assegurando assim o não enriquecimento sem causa de nenhum dos membros, preocupou-se também em manter a autonomia da vontade dos conviventes em matéria patrimonial, prevendo estipulação em contrato que pode derrubar a meação prevista na lei[122].

O parágrafo primeiro, do artigo ora em tela, vem deixar claro que a presunção de condomínio prevista no *caput* do mesmo, só é valida para bens adquiridos a título oneroso durante a união e com esforço de ambos,

---

[120] Leciona CAHALI. *Contrato de Convivência*. Ob. Cit. p. 50-51. "As partes ao optarem pela união estável não querem regras, não querem interferência do Estado nas suas relações pessoais e patrimoniais. Daí ter ido longe demais, em nosso sentir, presumir o condomínio. Mais adequado seria o inverso, presumir a não comunhão, salvo contrato escrito." Grifo nosso. E, com não mais sapiência, leciona PENTEADO. Ob. Cit. p. 160. "No Estatuto da União Estável, o legislador transformou o distraído amor dos companheiros numa sociedade patrimonial involuntária, injusta e violadora do princípio constitucional da livre associação. Involuntária porque os companheiros não manifestaram qualquer vontade no sentido de concretizá-la."

[121] OLIVEIRA. *União Estável*. Ob. Cit. p. 94-95. Vide também AZEVEDO. *Com a promulgação da lei 9278/96, está em vigor o estatuto dos concubinos*. Ob. Cit. p. 20-21. VIANA. Ob. Cit. p. 45-55.

[122] Para alguns autores, é clara a intenção do legislador em proteger os conviventes com a instituição do condomínio. "...a intenção do legislador foi a de proteger os conviventes, em especial a mulher que sempre ficava desamparada quando se dissolvia a união estável. O dispositivo que prevê o condomínio oferece proteção para as classes menos desfavorecidas da sociedade. Aos mais abastados, geralmente também mais esclarecidos, a lei faculta o contrato para determinar o destino dos bens." GUIMARÃES, Marilene Silveira. A Mulher no Direito de Família Brasileiro – Uma História que não Acabou. *In: Nova Realidade do Direito de Família: Doutrina e Jurisprudência, Visão interdisciplinar e Noticiário*. COUTO, Sérgio (coord.). Rio de Janeiro: COAD, Tomo 2, 1999, p. 41. No direito Português, não existe essa presunção de condomínio, ou seja 'meação' entre os unidos de fato. "Na união de facto, seja ela heterossexual ou homossexual, muito embora haja ou possa haver uma comprovada comunhão de vida, não se produzem quaisquer efeitos patrimoniais, pelo menos directamente decorrente de lei". PITÃO. Ob. Cit. p. 171-172. COELHO. *Curso de Direito da Família*. Ob. Cit. p. 102-106.

pois, salienta que, mesmo que um bem seja adquirido depois da caracterização da união de fato e a título oneroso com o produto da venda de outro bem adquirido anteriormente a união, só a seu proprietário pertencerá.

Mais uma vez, no parágrafo segundo do artigo 5.º, ora em debate, ressalta-se a validade do contrato de coabitação, versando que a administração do patrimônio comum pertence a ambos, salvo estipulação contrária em contrato escrito[123].

É bom clarificar que a Lei 9278/96 não revogou totalmente a lei 8971/94, visto que não houve revogação expressa, nem tampouco tratou inteiramente da matéria ou foi totalmente incompatível com a lei anterior, para, a partir daí, valer a lei mais nova.[124] Então o que ocorreu?

Ocorreu o fenômeno jurídico da derrogação, em que são válidos os dois diplomas legais, mas onde houver conflito de matérias, ou seja, onde as duas leis tratarem do mesmo assunto, passa a valer a mais nova.[125]

A existência de duas leis sobre a matéria trouxe certa insegurança e confusão jurídica tanto aos membros das uniões, quanto aos aplicadores do direito. Isto veio culminar na elaboração do Projeto de Lei 2686/96,[126] de iniciativa do Executivo. Tal projeto regularia totalmente a matéria (art. 226, § 3.º da CF) e substituiria por completo a legislação então vigente.[127]

---

[123] Para estudo mais profundo sobre as característica dos contratos de coabitação na vigência da lei 8971/94 e 9278/96 vide: KICH. Ob. Cit. p. 111-135.

[124] Art. 2.º, §1.º, da Lei de Introdução ao Código Civil, Decreto Lei n.º 4657/42, que assim reza: "A lei posterior revoga a anterior quando expressamente o declare, quando seja com ela incompatível ou quando regule inteiramente a matéria de que tratava a lei anterior". Esta Lei de Introdução ao Código Civil, é a do Código de 1916, que é usada também para o Novo *Codex*, visto que o mesmo foi aprovado sem Lei de Introdução específica. A mesma inteligência, é usada no art. 7.º, n. 2 do Código Civil Português.

[125] KICH. Ob. Cit. p. 55-56. OLIVEIRA. *União Estável*. Ob. Cit. p 98. Para estudo mais profundo vide: SOARES. Ob. Cit. p. 60-61 e MONTORO, André Franco. *Introdução à Ciência do Direito*. São Paulo: Revista dos Tribunais, 25 ed., 2.º tiragem, 2000, p. 388-402.

[126] Íntegra do Projeto de Lei 2686/96, vide anexo.

[127] OLIVEIRA. *União Estável*. Ob. Cit. p. 99. "Perdem o mundo jurídico e a sociedade a oportunidade de receber esta tecnicamente bem elaborada regulamentação da união estável, que, mesmo merecedora de algumas críticas, representaria efetivamente um avanço legislativo sobre o tema, superando incertezas, inclusive com a revogação expressa das Leis n.º 8971/94 e 9278/96, e impropriedades existentes e já projetadas em função do novo Código Civil". Referido Projeto de Lei, foi elaborado por uma Comissão de Juristas de renome no Brasil, e regulamentava de forma "ampla a união estável, superando as falhas e impropriedades técnicas verificadas" nas duas leis acima citadas. Ele não foi aprovado, pois não representava significado político, embora tivesse grande repercussão social. CAHALI. *Contrato de Convivência*. Ob. Cit. p. 285-287.

A referência a este projeto supracitado fica só como relato histórico, visto que, diante da aprovação do novo Código Civil, Lei n.º 10406/2002, a matéria referente a união de fato passou a ser tratada no Livro IV, Título III, nos artigos 1723 a 1727 e disposições esparsas pelo código[128], ficando, assim, revogadas as leis que tratavam desta matéria.[129]

Passaremos, a seguir, a estudar como ficou o contrato de coabitação no novo Código Civil, e conseqüentemente, os principais pontos da união de fato por ele tratada.

3. O contrato de coabitação e união de fato no novo Código Civil

Como já relatado, a Carta Política do Brasil de 1988 trouxe importantes inovações no conceito e tratamento dispensado à instituição base da sociedade, ou seja, a família. E, a partir daí, passou a considerar, não só a união de fato entre homem e mulher como entidade familiar, mas também a comunidade formada por qualquer dos pais e seus filhos, além, é claro, do casamento, seja ele religioso ou civil, merecendo todas estas formas igual proteção do Estado.[130]

Em conseqüência dessa mudança (art. 226 da CF/88), foram promulgadas as Leis Especiais 8971/94 e 9278/96, que tinham como objetivo regulamentar a união de fato, assegurando aos companheiros direitos e deveres já estudados em tópico anterior.

Diante da entrada em vigor do novo Código Civil (Lei 10406/2002)[131], ficaram revogadas as referidas leis, pois a matéria relativa à união de fato

---

[128] O Código Civil Português só trata da união de fato no art. 2020.º, que regula os alimentos que podem ser pedidos por um membro da união de fato à herança do falecido. Hoje a união de fato em Portugal, é regulamentada pela Lei 7/2001.

[129] Vide OLIVEIRA. *União Estável.* Ob. Cit. p. 100-102. DINIZ, Maria Helena. *Código Civil Anotado.* São Paulo: Saraiva, 2002, 1119-1122. DAL COL, Helder Martinez. Contratos de Namoro. *In: RBDF. IBDFAM.* Porto Alegre: Síntese editora, n.º 23, Abril-maio, 2004, p. 151-154.

[130] OLIVEIRA. *União Estável.* Ob. Cit. p. 101.

[131] "A versão primitiva do projeto do Código Civil nada dispunha sobre a união estável, marcando a subsistência das restrições ao concubinato e o prestígio ao casamento como forma exclusiva de constituição da família brasileira. Alterada esta concepção pelo Legislador Constituinte, veio a necessidade de se atualizar o Projeto. Após a relutância inicial, por iniciativa do Senado Federal, por intermédio de emendas propostas, foi introduzido no Livro próprio do Direito da Família o Título III – Da União Estável.

foi toda incluída no Livro IV, Título III (Da União Estável)[132-133], artigos 1723 a 1727 e, em artigos esparsos, dando-se a revogação tácita, pelo motivo de a lei posterior regular inteiramente a matéria de que tratava a anterior[134], como previsto no artigo 2.º, § 1.º, da Lei de Introdução do Código Civil, Lei 4657/1942[135].

3.1. Conceito de união de fato

O artigo 1723, da nova lei maior das relações de direito privado[136], assim diz: "É reconhecida como entidade familiar a união estável entre homem e a mulher, configurada na convivência pública, contínua e duradoura, e estabelecida com o objetivo de constituição de família".

Da simples leitura deste artigo, é fácil a percepção que traz o conceito de união de fato, e se compararmos o enunciado ora em análise, com o artigo 1.º, da Lei 9278/96, veremos grande semelhança, visto que a novel

---

Incorporando as modificações propostas no Relatório Final oferecido pelo Deputado Ricardo Fiuza, em meados de agosto foi aprovado pela Câmara dos Deputados o novo Código Civil, mas ainda submetido o texto à Comissão de Redação que, embora de forma limitada, promoveu algumas pequenas alterações, vindo finalmente a ser sancionado sem vetos pelo Presidente da República, ensejando a Lei 1046, de 10 de janeiro de 2002". CAHALI. *Contrato de Convivência*. Ob. Cit. p. 277-278.

[132] "Observa-se impropriedade em destacar como título a união estável, quando deveria ser um dos subtítulos do 'Direito Pessoal', pois que forma acrescida de constituição da entidade familiar, em parelha ao casamento. Talvez explique (embora não justifique) esse tratamento diferenciado o fato de a união estável não constar do projeto original, só vindo a merecer acolhida no NOVO CÓDIGO a partir das reformas aprovadas no Senado Federal, quando se deu sua alocação na parte final do texto anteriormente elaborado". OLIVEIRA. *União Estável*. Ob. Cit. p. 102. REALE, Miguel. Cônjuges e Companheiros. *In: O Estado de São Paulo*, de 27/03/2004. p. A 2.

[133] Entendimento diferente tem Rui STOCO, pois para ele a Lei 9278/96, é lei especial, e o novo Código Civil é lei geral. Sendo assim, lei geral não revoga a especial, salvo se expressamente o fizer. Vige então o princípio da especialidade, de sorte que a lei civil tem aplicação subsidiária naquilo em que a lei especial for omissa". Ob. Cit. p. 792-793. Vide também: REALE. Ob. Cit. p. A 2.

[134] A Lei 7/2001, de 11 de maio, revogou expressamente a anterior 135/99 em seu artigo 10.º, e a partir desta data, passou a estabelecer as linhas "programáticas de atribuição de relevância jurídica às uniões de facto", juntamente com a legislação esparsa (art. 1.º, n. 2). PITÃO. Ob. Cit. p. 17-19.

[135] OLIVEIRA. *União Estável*. Ob. Cit. p. 101-102.

[136] CAHALI. *Contrato de Convivência*. Ob. Cit. p. 279.

legislação não modifica o conceito de união em relação à antiga, havendo uma insignificante mudança.[137]

O *Codex*, em seu artigo ora em debate, não faz alusão a prazo mínimo de vida *more uxorio* para a configuração da união[138]. Mas, é óbvio, que não é qualquer namoro ou aventura amorosa que culmina em união de fato. Necessário verificar-se se, realmente, há esse 'casamento de fato', tanto pela posse recíproca e contínua dos conviventes, com intenção de formar família, quanto pela existência de uma convivência duradoura a demonstrar a existência dessa família. E, essa vida como marido e mulher não pode ser às escuras, deve ser pública, ou seja, conhecida de todos.[139]

Fica clarificado ainda, que o novo Código ratificou, como não poderia ser o contrário, o expresso na CF/88, artigo 226, § 3.º, de não admitir o reconhecimento de união de fato de pessoas do mesmo sexo. Pois, é bem claro ao dizer 'entre homem e mulher' (importante dizer que, em 19/03//2004, no Brasil, Estado do Paraná, houve a primeira oficialização de união estável entre homossexuais – fonte AASP.).[140]

---

[137] OLIVEIRA. *União Estável*. Ob. Cit. p. 102. A Lei 7/2001, do mesmo modo que a anterior, continua a não definir a união de facto, mas trouxe grande mudança no seu objeto. Visto que passou a dar relevância jurídica às uniões homossexuais, "que está equiparada à união de fato entre pessoas de sexo diferente, mas só para os efeitos previstos nos arts. 3.º e 5.º daquela lei" (7/2001). COELHO. *Curso de Direito da Família*. Ob. Cit. p. 84-85. PITÃO. Ob. Cit. p. 46-70.

[138] Mais uma vez comparando com a Lei portuguesa 7/2001. Esta sim, traz em seu art. 1.º, n. 1, prazo mínimo de duração da convivência, para caracterizar a união de facto. Prazo esse não inferior a dois anos. Ou seja, duas pessoas (independente de sexo), devem viver no mínimo 2 anos juntas, em comunhão de cama, mesa e habitação para ser caracterizada a união entre elas como de fato. Vindo a afastar que qualquer aventura amorosa seja como tal qualificada. PITÃO. Ob. Cit. p. 75-76.

[139] AZEVEDO. *Com a promulgação da lei 9278/96, está em vigor o estatuto dos concubinos*. Ob. Cit. p. 19. OLIVEIRA. *União Estável*. Ob. Cit. p. 102. Vide: ZANNONI, Eduardo A. *Derecho de familia*. Buenos Aires: Editorial Astrea, 1998, p. 261-263. Em Portugal, não podemos falar em vida como marido e mulher, visto que hoje, a união homossexual esta equiparada a união heterossexual. Sobre união homossexual vide: CID, Nuno de Salter. *Direitos Humanos e Família: Quando os homossexuais querem casar*. Évora: Separata da Revista Economia e Sociologia. n.º 66, 1998, p. 189-235.

[140] http//www.aasp.org.br, acesso em 19/03/2004. No Brasil, desde 2001, caso os homossexuais consigam comprovar a estabilidade da união, poderão ter direito a receber pensão do Instituto Nacional do Seguro Social (INSS) com a morte de uma das partes. Em 2004, o Instituto de Previdência Municipal de São Paulo (Iprem) concedeu a primeira pensão a uma lésbica, depois da morte da compenheira, com quem conviveu por 20 anos.

3.2. Dos impedimentos matrimoniais

O parágrafo primeiro, do artigo 1723, do Código sob análise, assim versa: "A união estável não se constituirá se ocorrerem os impedimentos do artigo 1521[141]; não se aplicando a incidência do inciso VI no caso de a pessoa casada se achar separada de fato ou judicialmente"[142-143].

É de se notar, que não será possível constituir união de fato se houver impedimentos matrimoniais entre os conviventes. Estes impedimentos no Código Civil de 1916 eram conhecidos como impedimentos dirimentes públicos ou absolutos[144].

O parágrafo primeiro também resolve importante questão referente ao estado civil dos membros da união em face do impedimento de serem

---

Fonte: *O Estado de São Paulo de 13/06/2004*, p. C 7. Vide também: BRUNET, Karina Schuch. União Homossexual. In: *Revista Jurídica*. Porto Alegre: Notadez, v. 281, Março, 2001.p. 80-88.

[141] Art. 1521 do novo Código Civil. "Não podem casar: I – os ascendentes com os descendentes, seja o parentesco natural ou civil; II – os afins em linha reta; III – o adotante com quem foi cônjuge do adotado e o adotado com quem o foi do adotante; IV – os irmãos, unilaterais ou bilaterais e demais colaterais, até o terceiro grau inclusive; V – o adotado com o filho do adotante; VI – as pessoas casadas; VII – o cônjuge sobrevivente com o condenado por homicídio ou tentativa de homicídio contra o consorte".

[142] O artigo 2.º da Lei 7/2001, traz um rol de impedimentos dos efeitos jurídicos decorrentes da presente lei, menos completo do que lei brasileira. Art. 2.º "São impeditivos dos efeitos jurídicos decorrentes da presente lei: a) Idade inferior a 16 anos; b) Demência notória, mesmo nos intervalos lúcidos, e interdição ou inabilitação por anomalia psíquica; c) Casamento anterior não dissolvido, salvo se tiver sido decretada separação judicial de pessoas e bens; d) Parentesco na linha recta ou no 2.º grau da linha colateral ou afinidade na linha recta; e) Condenação anterior de uma das pessoas como autor ou cúmplice por homicídio doloso ainda que não consumado contra o cônjuge do outro". Vide: PITÃO. Ob. Cit. p.83-105.

[143] A respeito dessa ressalva que permite a caracterização da união de fato, "no caso de a pessoa casada se achar separada de fato ou judicialmente", a Lei Portuguesa 7/2001, em seu artigo 2.º, c), versa de modo um pouco diferente, pois só permite a caracterização da união entre pessoas casadas, "salvo se tiver sido decretada a separação judicial de pessoas e bens", não permitindo a caracterização da mesma, se as pessoas casadas se acharem separadas de fato, mesmo que a separação já dure 3 anos, prazo esse que já habilitaria qualquer dos cônjuges a pedir o divórcio, art. 1781.º, a), do Código Civil Português.

[144] DINIZ. *Curso de Direito Civil Brasileiro*. Ob. Cit. p. 82. Vide também: BEVILÁQUA, Clovis. *Direito de Família*. São Paulo: Editora Rio, edição histórica, 1976, p. 57-89. PEREIRA, Caio Mário da Silva. *Instituições de Direito Civil*. Rio de Janeiro: Forense, 10 ed., v. 5, 1995, p. 57-61.

casados, pois está expresso que não se aplica a incidência do inciso VI, do artigo 1521, no caso de a pessoa estar casada, mas separada judicialmente, ou se encontrar separada de fato[145], podendo assim constituir união de fato.

Já o parágrafo segundo, do artigo ora em debate, não vem impedir a caracterização da união de fato, diante das causas suspensivas para o casamento, chamadas no Código Civil anterior de impedimentos impedientes[146]. Assim reza o § 2.º: "As causas suspensivas do art. 1523 não impedirão a caracterização da união estável"[147].

3.3. Dos deveres dos membros da união de fato

O artigo 1724, do novo Código Civil, assim diz: "As relações pessoais entre os companheiros obedecerão aos deveres de lealdade, respeito e assistência, e de guarda, sustento e educação dos filhos".

Note-se que este artigo interfere na esfera das relações pessoais entre os conviventes, pois vem imputar aos sujeitos da união de fato certos deveres como:

a) Lealdade, ou seja, a fidelidade reveladora da intenção de se ter uma vida em comum, para constituir uma entidade familiar. A quebra da lealdade entre os conviventes pode implicar injúria grave, levando a separação dos mesmos, podendo até gerar, em atenção à boa-fé de um deles, indenização por dano moral[148].

---

[145] O prazo da separação de fato que enseja o divórcio, no Brasil, é de 2 anos.

[146] DINIZ. *Curso de Direito Civil Brasileiro*. Ob. Cit. p. 82-83. Vide também: PEREIRA. *Instituições de Direito Civil*. Ob. Cit. p. 65-67. MIRANDA, Pontes de. *Tratado de Direito de Família*. Atualizado por Vilson Rodrigues Alves. Campinas: Bookseller, v. I, 2001, p. 101-178.

[147] Art. 1523, do novo Código Civil: "Não devem casar: I – o viúvo ou a viúva que tiver filho do cônjuge falecido, enquanto não fizer inventário dos bens do casal e der partilha aos herdeiros; II – a viúva, ou a mulher cujo casamento se desfez por ser nulo ou ter sido anulado, até 10 (dez) meses depois do começo da viuvez, ou da dissolução da sociedade conjugal; III – o divorciado, enquanto não houver sido homologada ou decidida a partilha dos bens do casal; IV – o tutor ou o curador e seus descendentes, irmãos, cunhados ou sobrinhos, com a pessoa tutelada ou curatelada, enquanto não cessar a tutela ou curatela, e não estiverem saldadas as respectivas contas".

[148] STOCO. Ob. Cit. p. 797-798. Sobre a possibilidade de reparação de danos (morais ou patrimoniais), decorrentes da violação dos deveres pessoais entre cônjuges ou con-

b) Respeito, que também pode ser entendido como honorabilidade, que se traduz em uma união respeitável entre homem e mulher, pautada na *affectio*.[149]
c) Assistência mútua é a que engloba tanto a assistência moral, como a material. Pela moral, entende-se a comunicação do casal dentro do lar, a compreensão de um com o outro. É não deixar o companheiro em estado de abandono moral, é se preocupar com a vida do parceiro. Já, a assistência material está no âmbito do patrimônio, ou seja, de não deixar faltar nada em casa ao outro convivente se houver a possibilidade financeira. É ser contra a sovinice, a avareza, que, certamente, configuram injúria de caráter econômico.[150] Está implícito aí o dever de alimentos.
d) Guarda, sustento e educação dos filhos, traduz-se na responsabilidade de os conviventes suprirem as necessidades da sua prole, na medida de seus rendimentos e haveres[151].

Se for feita uma comparação com o artigo 2.º, da Lei 9278/96, é de se notar que, foi acrescentado o dever de lealdade entre os companheiros, que ali não existia. E, comparando com os direitos e deveres resultantes do casamento, inseridos no artigo 1566 do novo Código[152], é de-se reparar que para os conviventes, aplica-se o dever de lealdade semelhante ao dever de fidelidade dos casados. Mas, não há para os unidos de fato, o dever de vida em comum debaixo do mesmo teto[153], por ainda estar em vigor a súmula 382 do STF, o que é exigido para os cônjuges[154].

---

viventes, no direito Português, Francês e Brasileiro, vide: ANDRADE, Fábio Siebeneichler de. A Reparação de Danos Morais por Dissolução do Vínculo Conjugal e por violação dos Deveres entre Cônjuges. In: *Estudos dedicados ao Prof. Doutor Mário Júlio de Almeida Costa.* Lisboa: UCP, 2002, p. 545-564.

[149] DINIZ. *Código Civil Anotado*. Ob. Cit. p. 1120-1121.

[150] AZEVEDO. *Com a promulgação da lei 9278/96, está em vigor o estatuto dos concubinos.* Ob. Cit. p. 19. AZEVEDO. União Estável no Novo Código Civil. In: RLD. São Paulo: Jurídica Brasileira, outubro/dezembro, ano IX, n.º 49, 2003, p. 14-17.

[151] DINIZ. *Código Civil Anotado*. Ob. Cit. p. 1120-1121.

[152] Artigo 1566 do novo Código Civil. "São deveres de ambos os cônjuges: I – fidelidade recíproca; II – vida em comum, no domicílio conjugal; III – mútua assistência; IV – sustento, guarda e educação dos filhos; V – respeitos e consideração mútuos". Correspondência com o artigo 1672.º do Código Civil Português.

[153] No direito Português, "tal como no casamento, a união de facto pressupõe uma comunhão de leito, mesa e habitação, que resulta óbvia da definição de seu objecto, contida no n.º 1 da Lei n.º 7/2001..." "Aliás, este parece ser o único dever pessoal essencial dos companheiros na constância da união de facto... tanto é assim, que o legislador

3.4. Dos alimentos entre os conviventes

O dever de alimentos entre os conviventes está previsto implicitamente no dever de assistência, assegurado no artigo 1724 do novo *Codex*, como já estudado. A lei 9278/96 já previa a obrigação alimentar, em seu artigo 2.º, II, (assistência moral e material recíproca). E de modo expresso, prevê o artigo 1694 do mesmo Código[155], o dever de alimentos entre os companheiros, colocando-o no mesmo patamar dos parentes, cônjuges e companheiros.[156]

De suma importância que haja proporcionalidade na fixação dos alimentos entre as necessidades de quem os pede e os recursos do alimentante, levando-se em conta que a pensão alimentícia será sempre *ad necessitatem*, conforme preceitua o § 1.º, do artigo 1694.[157]

O § 2.º do mesmo artigo estabelece que, se a causa da necessidade de alimentos resultar de culpa de quem os pleiteia, estes serão somente os indispensáveis à subsistência.

É relevante trazer a lume, que se o credor de alimentos constituir nova união de fato, casamento ou concubinato, cessa para o outro companheiro o dever da prestação alimentícia. E o procedimento indigno do

---

prevê a existência de uma casa de morada da família (para as uniões heterossexuais) ou residência comum (para as uniões homossexuais)..." PITÃO. Ob. Cit. p. 113.

[154] OLIVEIRA. *União Estável*. Ob. Cit. p. 103. Em Portugal, a questão dos deveres dos membros da união de fato na seara pessoal, tem conotação bastante diferente da adotada pela legislação Brasileira. Com sabedoria diz COELHO: "Não assumindo compromissos, os membros da união de facto não estão vinculados por qualquer dos deveres pessoais que o art. 1672.º Cciv impõe aos cônjuges". *Curso de direito da Família*. Ob. Cit. p. 100. Quanto aos deveres de fidelidade, respeito, assistência e cooperação, a lei Lusitana sobre união de facto, é omissa. E a falta quanto à um desses deveres, pode ensejar reprovação de cunho social, de um cônjuge para com o outro, ou ainda tutela do direito se enquadrar o caso em algum tipo legal. PITÃO. Ob. Cit. p. 107-121.

[155] Art. 1694 do novo Código Civil: "Podem os parentes, os cônjuges ou companheiros pedir uns aos outros os alimentos de que necessitem para viver de modo compatível com sua condição social, inclusive para atender às necessidades de sua educação. § 1.º – Os alimentos devem ser fixados na proporção das necessidades do reclamante e dos recursos da pessoa obrigada. § 2.º – Os alimentos serão apenas os indispensáveis à subsistência, quando a situação de necessidade resultar de culpa de quem os pleiteia".

[156] OLIVEIRA. *União Estável*. Ob. Cit. p. 104. DINIZ. *Código Civil Anotado*. Ob. Cit. p. 1099-1101.

[157] DINIZ. *Código Civil Anotado*. Ob. Cit. p. 1101. Do mesmo modo ocorre em Portugal.

credor de alimentos para com o devedor também é causa de cessação da prestação, artigo 1708, do novo Código Civil.[158-159]

3.5. Da sucessão hereditária

Artigo 1790 do novo Código Civil: "A companheira ou companheiro participará da sucessão do outro, quanto aos bens adquiridos onerosamente na vigência da união estável, nas condições seguintes:

I – se concorrer com filhos comuns, terá direito a uma cota equivalente à que por lei for atribuída ao filho;
II – se concorrer com descendentes só do autor da herança, tocar-lhe-á a metade do que couber a cada um daqueles;
III – se concorrer com outros parentes sucessíveis, terá direito a um terço da herança;
IV – não havendo parentes sucessíveis, terá direito à totalidade da herança".

Extrai-se do artigo acima descrito, que o membro sobrevivente da união de fato participará da sucessão *causa mortis* do outro, somente

---

[158] OLIVEIRA. *União Estável*. Ob. Cit. p. 105. DINIZ. *Código Civil Anotado*. Ob. Cit. p. 1110-1111. Art. 1708 do novo Código Civil: "Com o casamento, a união estável ou o concubinato do credor, cessa o dever de prestar alimentos. Parágrafo único. Com relação ao credor cessa, também, o direito a alimentos, se tiver procedimento indigno em relação ao devedor".

[159] Como já explanado *supra*, em nota de roda pé n.º 84 e 128, em Portugal, um convivente só pode pleitear alimentos da herança do falecido. Art. 2020.º, n.º 1: "Aquele que, no momento da morte de pessoa não casada ou separada judicialmente de pessoas ou de bens, vivia com ele há mais de dois anos em condições análogas às dos cônjuges, tem direito a exigir alimentos da herança do falecido, se os não puder obter nos termos das alíneas *a)* a *d)* do artigo 2009.º...". A obrigação de alimentos prevista neste artigo, não é propriamente um direito sucessório. Mas, tão só, uma obrigação imposta a herança do falecido. PITÃO. Ob. Cit. 298. Importante dizer, que a respeito da sucessão entre os unidos de fato, a lei portuguesa nada dispões a respeito. Nada é previsto. Sendo assim, os companheiros não fazem parte do leque dos herdeiros legais. Se no futuro, o *de cujus* quiser proteger seu companheiro, na seara sucessória, deverá fazê-lo em vida através de declarações de vontade. PITÃO Ob. Cit. p. 300. Sobre direitos sucessórios em Portugal vide: CAMPOS. Diogo Leite de. O Novo Direito Sucessório Português. *In: Revista de Direito Comparado Luso-Brasileiro*. Rio de Janeiro: Forense, 1984, p. 95-121.

quanto ao patrimônio adquirido onerosamente na constância da união, nas condições pormenorizadas de forma clara por seus incisos.[160]

Em face do direito assegurado pelo novo Código, ao companheiro para concorrer com os descendentes e os ascendentes, percebe-se que houve acréscimo em relação ao contido no artigo 2.º e 3.º, da Lei 8971//94. Mas sobre outra ótica, houve redução na participação na herança por sujeitar-se à concorrência do companheiro com outros parentes sucessíveis, quando, pela lei anterior, o companheiro seria o terceiro na ordem de vocação hereditária, recebendo a totalidade do patrimônio na falta de descendentes e ascendentes, pois estava no mesmo patamar que o cônjuge.[161]

Os direitos sucessórios de usufruto e habitação desapareceram no novo Código, mas constavam das Leis 8971/94, art. 2.º e 9278/96, art. 7.º, parágrafo único, respectivamente.[162]

Com relação às pessoas casadas, os membros da união de fato ficam em desvantagem, pois o novo Código atribui o privilégio aos casados de serem herdeiros necessários, conjuntamente com o direito de habitação no imóvel que era a residência do casal.[163]

É de merecidas críticas o lugar onde o atual Código Civil veio tratar os direitos sucessórios dos unidos de fato. Fê-lo, no artigo 1790, Livro V, Título I (Da Sucessão em Geral), quando deveria ter tratado deste assunto no mesmo Livro, mas no Título II (Da Sucessão Legítima), visto que o companheiro sobrevivente tem direito à herança, mesmo que de forma diferente da prevista para os casados, mas não pode ser excluído da qualidade de sucessor legítimo em determinados casos.[164]

---

[160] DINIZ. *Código Civil Anotado*. Ob. Cit. p. 1164-1165.

[161] OLIVEIRA. *União Estável*. Ob. Cit. p. 106 e 210-215.

[162] A Lei 7/2001 do direito Português, em seu artigo 4.º n.os 1 e 2, assegura em caso de morte do membro da união de fato, proprietário da casa de morada, o direito real de habitação ao membro sobrevivo, pelo prazo de 5 anos e direito de preferência pelo mesmo prazo. Salvo se o falecido deixar descendentes com menos de um ano de idade, ou que com ele convivessem há mais de 1 ano e pretendam habitar a casa, ou ainda, no caso de haver testamento dizendo o contrário (esses direitos podem ser afastados por disposição testamentaria). No art. 5.º, a lei ora em tela, prevê a transmissão do arrendamento por morte, e no art. 6.º, está previsto o acesso ao regime de prestações por morte. Vide: XAVIER, Rita Lobo. Novas Sobre a União "More Uxorio" em Portugal. *In: Estudos dedicados ao Prof. Doutor Mário Júlio de Almeida Costa*. Lisboa: UCP, 2002, p. 1393-1406. CID. *União de Facto e Direito: Indecisão ou Desorientação do Legislador?* Ob. Cit. p. 56-57.

[163] OLIVEIRA. *União Estável*. Ob. Cit. p. 106.

[164] OLIVEIRA. *União Estável*. Ob. Cit. p. 105.

3.6. Conversão da união de fato em casamento[165]

Cumprindo o disposto na Constituição Federal Brasileira, artigo 226, § 3.º, vem o artigo 1726 do Código Civil de 2002[166] facilitar a conversão da união de fato em casamento.

Para haver a conversão da união de fato em casamento, os companheiros poderão, de comum acordo e a qualquer tempo, requerê-la ao juiz (Poder Judiciário), e, posteriormente, requerer assento perante o Oficial do Registro Civil[167] (entendimento literal do artigo *sub examine*), havendo ainda, na doutrina, muitas dúvidas sobre qual procedimento adotar.[168]

Dúvidas essas, que ainda não foram respondidas de forma satisfatória nem pela doutrina, nem mesmo pela jurisprudência, quais sejam: Como converter a união em casamento do separado de fato ou do separado judicialmente aplicando somente o artigo em exame, levando-se em conta o fato de o vínculo do casamento ainda não ter desaparecido?[169]

3.7. Do concubinato

O novo Código Civil traz expresso no artigo 1727[170] a definição de concubinato, definindo-o como relações não eventuais entre homem e mulher, que estão impedidos legalmente de se casarem. Já, a união de

---

[165] No direito Português, a conversão da união de fato em casamento não é prevista.

[166] Art. 1726 do novo Código Civil: "A união estável poderá converter-se em casamento, mediante pedido dos companheiros ao juiz e assento no Registro Civil".

[167] BARROS. Ob. Cit. p. 94. Entendimento diferente tem Euclides de OLIVEIRA ao entender que: "Para a conversão haveria de ser exigível apenas o requerimento administrativo ao Oficial do Registro Civil do domicílio dos companheiros, como consta do art. 8.º da Lei 9278/96. Mesmo porquê na conversão não atua o juiz de casamentos por não haver celebração solene do ato, mas simples registro em seguida à habilitação dos companheiros". *União Estável*. Ob. Cit. p. 104 e 151-153.

[168] Só o procedimento administrativo visa facilitar a conversão, o judicial dificultaria e não facilitaria a conversão da união em casamento. OLIVEIRA. *União Estável*. Ob. Cit. p. 151. PEREIRA. Rodrigo da Cunha. *Da União Estável. Direito de Família e o novo Código Civil*. 2 ed.. IBDFAM. Del Rey. 2002. p. 239.

[169] DINIZ. *Código Civil Anotado*. Ob. Cit. p. 1121-1122. Vide: OLIVEIRA. *União Estável*. Ob. Cit. p. 106-107.

[170] Art. 1727 do novo Código Civil: "As relações não eventuais entre o homem e a mulher, impedidos de casar, constituem concubinato". No mesmo sentido está o direito argentino, artigo 223, inc. 1.º, do Código Civil Argentino. ZANNONI. Ob. Cit. p. 258-261.

fato é a relação pública, contínua e duradoura estabelecida com objetivo de constituir família, entre homem e mulher não impedidos de casar,[171] ficando deste modo, nítida a diferença entre união de fato e concubinato.[172]

3.8. Do parentesco por afinidade

O parentesco por afinidade, que era atribuído só aos casados[173], é estendido agora com o Código Civil de 2002, para os unidos de fato (artigo 1595, § 1.º e § 2.º)[174]. Ou seja, os ascendentes, descendentes e irmãos do cônjuge ou companheiro serão parentes por afinidade do outro. E, mesmo com a dissolução do casamento ou união de fato, não se extinguirá o parentesco por afinidade em linha reta.[175]

Importante dizer que o Direito Canônico, além de dar relevância à afinidade fundada no casamento, dá também àquela baseada na união de fato (cânone 1093).[176]

---

[171] OLIVEIRA. *União Estável*. Ob. Cit. p. 107. DINIZ. *Código Civil Anotado*. Ob. Cit. p. 1122. BENJÓ, Simão Isaac. União Estável e seus efeitos econômicos em face da Constituição Federal. *In: RBDC*. Rio de Janeiro: Ano 7, n. 11, 2.º semestre, 1991, p. 59--70. Sobre outras classificações do concubinato vide: CID. *União de Facto e Direito: Indecisão ou Desorientação do Legislador ?* Ob. Cit. p. 39.

[172] Em Portugal, também há esta distinção de união de fato e concubinato. Tal distinção é feita tanto pela doutrina quanto pela jurisprudência, mas não está expressa em lei. O Código Civil Português, em seu art. 1871.º, n.º 1, *c)*, utiliza ainda o vocábulo 'concubinato', diferenciando da 'comunhão duradoura de vida em condições análogas às dos cônjuges'. COELHO. *Curso de Direito de Família*. Ob. Cit. p. 85. PITÃO. Ob. Cit. p. 34--46 e 132.

[173] Para a legislação e doutrina portuguesa: "A fonte da afinidade, ou das várias relações de afinidade, é pois, o casamento", não incluindo a união de fato. COELHO. *Curso de Direito da Família*. Ob. Cit. p. 43.

[174] Art. 1595 do novo Código Civil; "Cada cônjuge ou companheiro é aliado aos parentes do outro pelo vínculo da afinidade. § 1.º. O parentesco por afinidade limita-se aos ascendentes, aos descendentes e aos irmãos do cônjuge ou companheiro. § 2.º. Na linha reta, a afinidade não se extingue com a dissolução do casamento ou da união estável."

[175] DINIZ. *Código Civil Anotado*. Ob. Cit. p. 1026-1028. OLIVEIRA. *União Estável*. Ob. Cit. p. 107-108.

[176] COELHO. *Curso de Direito da Família*. Ob. Cit. p. 42-44.

3.9. Da adoção

Inovação também traz o novo Código, em matéria de adoção para os unidos de fato, dando maior amplitude ao já previsto na Lei 8069/90[177]. O artigo 1618[178] é claro ao permitir que a adoção possa ser realizada só por pessoa maior de dezoito anos.

Mas, seu parágrafo único preceitua a permissão de adoção por ambos os cônjuges ou companheiros, desde que um deles tenha completado dezoito anos de idade e provada a estabilidade familiar.[179] O artigo 1622[180] só permite a adoção por duas pessoas se elas forem casadas ou unidas de fato.[181]

Importante dizer que, no Brasil, "a adoção atribui a situação de filho ao adotado, desligando-o de qualquer vínculo com os pais e parentes consangüíneos, salvo quanto aos impedimentos para o casamento". Artigo 1626 novo Código Civil. A adoção no Brasil é ato irrevogável. O adotado é equiparado, para todos os efeitos, inclusive sucessórios, ao filho matrimonial, não podendo haver qualquer diferença entre ambos (art. 227, § 6.º da Constituição Federal Brasileira).[182-183]

---

[177] Esta lei também é conhecida como Estatuto da Criança e do Adolescente (ECA), onde também já era prevista a adoção por concubinos. Vide: MIRANDA. *Tratado de Direito de Família.* Ob. Cit. p. 217-249.

[178] Art. 1618 do Código Civil de 2002. "Só a pessoa maior de dezoito anos pode adotar. Parágrafo único. A adoção por ambos os cônjuges ou companheiros poderá ser formalizada, desde que um deles tenha completado dezoito anos de idade, comprovada a estabilidade da família".

[179] OLIVEIRA. *União Estável.* Ob. Cit. p. 108.

[180] Art. 1622 do Código Civil de 2002. "Ninguém pode ser adotado por duas pessoas, salvo de forem marido e mulher, ou se viverem em união estável. Parágrafo único...".

[181] DINIZ. *Código Civil Anotado.* Ob. Cit. p. 1050-1051. OLIVEIRA. *União Estável.* Ob. Cit. p. 108.

[182] DINIZ. *Código Civil Anotado.* Ob. Cit. p. 1052-1055.

[183] A adoção para os unidos de fato em Portugal, é regida pela Lei 7/2001, em seu artigo 7.º. Que prevê a adoção para esta relação parafamiliar, nos mesmo termos da adoção prevista no art. 1979.º do Código Civil Português, mas só para as uniões de pessoas de sexo diferentes. Importante clarificar que no direito lusitano, o instituto da adoção, em suma, é dividido em adoção plena, que atribui ao adotado a situação de filho do adotante, integrando-o com os descendentes do adotante, extinguindo-se todas as relações entre o adotado e sua família natural, salvo impedimentos para casamento (art. 1986.º). Para adotar, é preciso que a união dure ao menos 4 anos, e que os adotantes tenham mais de 25 e menos de 50 anos. E adoção restrita, é a que o "adotado conserva todos os direitos e deveres em relação à família natural (art. 1994.º Código Civil Português), muito embora

3.10. O poder familiar

No Código Civil de 2002, o pátrio poder ganha outra denominação, passando a ser chamado de poder familiar. Mas continua sendo o exercício igualitário pelos pais em face dos filhos menores. O intuito dessa mudança de termos foi deixar de lado a conotação de predominância da figura paterna nas relações com os filhos menores[184].

"Mesmo a denominação 'poder familiar' ainda conserva uma carga de supremacia e comando que não se coaduna com seu verdadeiro sentido, já que os pais têm, em relação aos filhos, não só poder, mas um complexo e relevante conjunto de deveres relativos à guarda, sustento e educação. Em vez de 'poder', melhor seria qualificar essa relação paterno-filial como 'autoridade parental', como consta, dentre outros, do Código Civil Francês."[185]

Importante deixar claro, que não se perde o poder familiar com a dissolução da união de fato em relação aos filhos havidos na constância desta, nem com o estabelecimento de uma outra união de fato em relação à prole do relacionamento anterior[186] (artigos 1632 e 1636 do novo Código Civil).[187]

O Novo Código Civil Brasileiro trata em outros artigos de efeitos de menor impacto na união de fato, que, por ora, não convém ao estudo, visto não ser o cerne de nosso tema. Passaremos então a tratar da meação entre os unidos de fato, assunto este que nos interessa bastante, pois nele está inserido o contrato de coabitação.

---

incumba exclusivamente ao adotante o exercício do poder paternal com todos os direitos e obrigações dos pais (1997.º). Pode adotar qualquer pessoa que tiver mais de 25 e menos de 50 anos". Pitão. Ob. Cit. p. 1465-167. Para estudo mais pormenorizado e mais profundo sobre a matéria vide: Sousa, Rabindranath Capelo de. *A adopção, constituição da relação adoptiva*, Coimbra, 1973. Coelho. *Curso de Direito da Família*. Ob. Cit. p. 51-79.

[184] Oliveira. *União Estável*. Ob. Cit. p. 108-109 e 230-231.
[185] Oliveira. *União Estável*. Ob. Cit. p. 230. n. 2.
[186] Diniz. *Código Civil Anotado*. Ob. Cit. p. 1057-1058 e 1061-1062.
[187] Em Portugal, a matéria apesar de não estar regulamentada em lei, nem mesmo na Lei 7/2001, não tem tratamento muito diferente do dispensado pelo ordenamento jurídico brasileiro, acima exposto. A questão é solucionada pelo artigo 1911.º, n.º 3, que em suma diz que o exercício do poder paternal pertence a ambos progenitores se conviverem maritalmente. Além do mais, "o poder paternal está regulado no sentido de proteger da forma mais eficaz o interesse dos filhos menores, e não dos seus progenitores, pelo que será indiferente saber se estes são ou não casados entre si." Pitão. Ob. Cit. p. 123-143. Cid. *União de Facto e Direito: Indecisão ou Desorientação do Legislador*. Ob. Cit. p. 55.

3.11. Dos efeitos patrimoniais

O artigo 1725, do Código Civil de 2002 diz: "Na união estável, salvo contrato escrito entre os companheiros, aplica-se às relações patrimoniais, no que couber, o regime da comunhão parcial de bens"

O artigo supracitado trouxe grande modificação no que cabe ao aspecto patrimonial da união de fato, se comparado com o artigo 5.º, da Lei 9278/96[188], pois vem quase igualar o casamento à união nesta matéria, visto que manda aplicar 'no que couber' ao regime patrimonial da união de fato, o regime da comunhão parcial de bens do casamento[189-190]

A comunhão parcial de bens nada mais é do que o regime legal, ou seja, aquele que a lei impõe para o casamento, caso os nubentes não

---

[188] "A diferença e inovação do disposto no Novo Código Civil brasileiro é que ele não usa mais a expressão 'presunção' e, portanto, não deixa tão aberta a possibilidade de se provar o contrário como deixava o referido artigo 5.º. Ele designa expressamente para a união estável o regime da comunhão parcial de bens, como, aliás, já se deduzia antes. A diferença trazida pela redação do Novo Código Civil brasileiro é que ficaram igualizadas, sem nenhuma distinção, as regras patrimoniais da união estável e as do casamento. Com isso, acabou mais essa diferença entre os dois institutos. Se antes havia alguma brecha para demonstrar que não houve esforço comum, com o Novo Código Civil brasileiro isso ficou mais difícil, a não ser que as partes estabeleçam um contrato escrito, como autoriza o próprio art. 1725". PEREIRA. Rodrigo da Cunha. *Da união Estável. Direito de família e o Novo Código Civil*. Belo Horizonte: Del Rey, IBDFAM, 2002, p. 239. Vide também: OLIVEIRA. *União Estável*. Ob. Cit. p. 191.

[189] OLIVEIRA. *União Estável*. Ob. Cit. p. 103. CAHALI. *Contrato de Convivência*. Ob. Cit. p. 280.

[190] No sistema jurídico Português, a união de fato, seja ela homossexual ou heterossexual, não produz nenhum efeito na esfera patrimonial decorrente de lei, mesmo se houver uma comprovada comunhão de vida entre os companheiros. "Não era assim no Projecto de Lei n.º 384/VII, do PCP, cujo artigo 5.º previa a possibilidade de os membros da união de facto heterossexual celebrarem uma convenção, estabelecendo o regime de bens e a regulamentação dos efeitos patrimoniais decorrentes daquela. Com o regime proposto pretendia-se aplicar, na sua globalidade, o regime da comunhão de adquiridos vigente em matéria de casamento (art. 7.º, n.º 1), criando-se uma presunção de comunicabilidade dos bens adquiridos na constância da união de facto, muito embora esta fosse *ilidível* na medida da contribuição de cada um dos membros para os encargos da vida familiar (*id*., n.º 2). Por outro lado, previa-se a aplicação do regime da separação de bens relativamente às relações patrimoniais anteriores à celebração da convenção (art. 5.º, n.º 1)." 'PITÃO. Ob. Cit. p. 171 e n. 4. Sobre regime de bens entre barregueiros nas Ordenações Filipinas vide: ALMEIDA. Ob. Cit. p. 149. E regime efeitos patrimonial do casamento VARELA, Antunes. Efeitos Patrimoniais do Casamento. *In: Revista de Direito Comparado Luso-Brasileiro*. Rio de Janeiro: Forense, 1984, p. 41-67.

Capítulo I – Antecedentes Históricos do Contrato de Coabitação no Brasil

façam a escolha em pacto antenupcial[191] (artigo 1658 a 1666 do novo Código Civil)[192]. Mas, na união de fato, há uma ressalva: possibilidade de contrato escrito[193], estabelecendo de forma diferente, para que um outro 'regime de bens' seja seguido em atenção e respeito à vontade das partes (ressalta-se aqui o princípio da autonomia da vontade)[194].

Importante explicitar que a viabilidade de contrato escrito entre os conviventes, estabelecendo de modo diverso do regime de comunhão parcial, só pode ser aplicado aos bens adquiridos durante a união, não podendo abranger bens adquiridos anteriormente à constituição da união de fato. Em outras palavras, os conviventes são livres para auto-regularem o patrimônio que lhes advier na constância da união de fato.[195]

Relevante é trazer a lume, que, de modo diverso como ocorre no pacto antenupcial que necessita escritura pública, na união de fato, não se exige tal formalidade, bastando a celebração de contrato escrito entre os companheiros, seja este celebrado previamente ao início da união ou no

---

[191] Em Portugal é usado o mesmo regime, só que com outra denominação 'Regime da Comunhão de Adquiridos'.

[192] No Código Civil Português, correspondem os artigos 1721.º a 1731.º.

[193] "A única menção feita no novo Código a respeito desta matéria encontra-se no artigo 1725, referindo-se, na sua versão primeira, à 'convenção válida', ao depois modificada para 'contrato escrito' como instrumento apto a afastar o regime patrimonial aí previsto para a união estável." "A emenda apresentada pelo Relator para substituir a expressão *convenção válida* por *contrato escrito*, acolhendo nossa sugestão, foi assim fundamentada: 'a emenda objetiva corrigir lapso manifesto de redação, nos termos do que dispõe o § 8.º do art. 118 do Regimento Interno da Câmara dos Deputados, substituindo terminologia tecnicamente imprecisa utilizada no texto do projeto (convenção válida) por denominação equivalente (contrato escrito), porém mais precisa, evitando-se interpretações errôneas pelo aplicador da lei, conforme sugerido pelo Professor e Advogado Francisco Cahali. Realmente o termo 'convenção válida' é por demais vago, o que poderia possibilitar elastérios de interpretações não colimados pelo legislador." CAHALI. *Contato de Convivência.* Ob. Cit. p. 281 e 283 n. 7. Para aprofundamento no tema vide: CAHALI. *Contrato de Convivência.* Ob. Cit. p. 281-282. n. 6.

[194] OLIVEIRA. *União Estável.* Ob. Cit. p. 103-104 e 191. Em Portugal a lei não abre essa brecha para os unidos de fato disporem livremente de seus bens adquiridos na constância da união.

[195] Importante salientar, que antes de entrar em vigor o Código Civil Brasileiro de 2002, só podiam ser objetos de contrato de coabitação os bens adquiridos a título oneroso, na constância da relação (art. 5.º, da Lei 9278/96). Já, na vigência da atual Lei civil, podem ser objetos de contrato de coabitação quaisquer bens adquiridos na constância da união (art. 1725 do novo Código Civil Brasileiro).

curso da mesma[196]. A análise desta forma contratual será objeto de estudo nos capítulos subseqüentes.

Portanto, fica fácil a percepção de que, na ausência de um contrato escrito, estipulando regras diversas para o patrimônio dos unidos de fato, será aplicado o regime da comunhão parcial de bens, regime este que abrangerá os aqüestos.

Aqüestos são os bens que cada um dos cônjuges ou ambos, adquirem na constância do casamento a título oneroso. Estes bens se tornam comuns em distinção aos bens particulares que pertencem exclusivamente ao seu titular[197]. *Mutatis mutandis*, isto deve ser aplicado ao regime patrimonial da união de fato.[198-199]

---

[196] OLIVEIRA. *União Estável*. Ob. Cit. p. 104. CAHALI. *Contrato de Convivência*. Ob. Cit. p. 72 e 134-135. PESSOA, Claudia Grieco Tabosa. *Efeitos Patrimoniais do Concubinato*. São Paulo: Saraiva, 1997, p. 209. Em sua obra, SOARES, faz uma analogia entre as convenções antenupciais e a união de fato, citando inclusive, que foi de Portugal que herdamos a tradição de celebrar pacto antenupcial. Ob. Cit. p. 75-76.

[197] FREITAS. Teixeira de. *In*: FRANÇA, R. Limongi (coord.). *Enciclopédia Saraiva do Direito*. São Paulo: Saraiva, v. 7, 1977, p. 307. OLIVEIRA. *União Estável*. Ob. Cit. p. 191.

[198] Importante observação faz CAHALI em sua obra *Contrato de Convivência*: "Entretanto, igualmente não cabe nessa comunhão proposta a peculiar característica do casamento em se obter, pela sua solene celebração, a transferência do domínio sobre bens imóveis (de acordo com o regime adotado), apta a ser regularizada diretamente junto ao Cartório de Registro Imobiliário. Vale dizer, perante o Álbum de Imóveis, não bastará a comprovação da união estável para se transferir a propriedade ou influenciar a titularidade nele indicada." Ob. Cit. p. 280.

[199] No direito Lusitano, sobre bens adquiridos na constância da união de fato, pronuncia-se PITÃO em sua obra: "é óbvio que não poderá falar-se da existência de um patrimônio comum, muito embora, a maior parte das vezes os bens tenham sido adquiridos com dinheiro de ambos ou, pelo menos, com o esforço de ambos, prevendo-se neste caso a hipótese em que um deles não tem profissão remunerada, mas contribui com sua força de trabalho na vida do lar que construíram". Tal questão, no direito Português, só poderá ser resolvida indiretamente, ou seja, doutrina e jurisprudência, visto que lei silencia sobre o assunto. PITÃO. Ob. Cit. p. 172. Em tempo é hora de lembrar, que os tribunais portugueses já vêm contornando essa lacuna legislativa, pela aplicação do princípio geral do enriquecimento sem causa. Vide: Acórdão do Supremo Tribunal de Justiça, de 15.11.95 e Acórdão do Tribunal da Relação de Lisboa, de 21.01.99. Nestes acórdãos, há um relevante progresso no sentido da aproximação do regime em matéria patrimonial entre a união de fato e casamento, alcançado pela via indireta. PITÃO. Ob. Cit. p. 175-177. Vide também: XAVIER, Rita Lobo. *Limites à autonomia privada na disciplina das relações patrimoniais entre os cônjuges*. Coimbra: Almedina, 2000, p. 473-478. LIMA, Pires de. e VARELA, Antunes. *Código Civil Anotado*. Coimbra: Coimbra, 4 ed., v. I, 1987, p. 458. ALARCÃO, Rui. *Direito das obrigações*. Coimbra: policopiado, 1983. p. 149-173. RANDOUX

Na qualidade de bens particulares estão relacionados os adquiridos na constância da união a título gratuito, por doação ou herança, os havidos com o produto da venda dos bens próprios e os adquiridos anteriormente ao início da união.[200] Para melhor visualização e entendimento, Euclides de Oliveira enumera, nos termos dos artigos 1660 e 1659, do atual Código Civil Brasileiro[201], com as devidas adaptações para a união de fato, o patrimônio que se comunica e o que não se comunica no regime imposto pelo artigo 1725 do mesmo diploma legal (regime da comunhão parcial)[202].

"Entram na comunhão:

I – os bens adquiridos na constância da união por título oneroso, ainda que só em nome de um dos companheiros;

II – os bens adquiridos por fato eventual, com ou sem o concurso de trabalho ou despesa anterior;

III – os bens adquiridos por doação, herança ou legado, em favor de ambos os companheiros;

IV – as benfeitorias em bens particulares de cada companheiro;

---

conclui que não é o melhor caminho, privar pessoas que vivem uma vida em comum de regras jurídicas. E incentiva a utilização de contratos de coabitação. RANDOUX, Dominique. Les contrats des concubinis. *In: Indépendance financière et communauté de vie*. Paris: LGDJ, 1989, p. 109-124.

[200] OLIVEIRA. *União Estável*. Ob. Cit. p. 192.

[201] Art. 1660 do Código Civil Brasileiro de 2002: Entram na comunhão: I – os bens adquiridos na constância do casamento por título oneroso, ainda que só em nome de um dos cônjuges; II – os bens adquiridos por fato eventual, com ou sem o concurso de trabalho ou despesa anterior; III – os bens adquiridos por doação, herança ou legado, em favor de ambos os cônjuges; IV – as benfeitorias em bens particulares de cada cônjuges; V – os frutos dos bens comuns, ou dos particulares de cada cônjuge, percebidos na constância do casamento, ou pendentes ao tempo de cessar a comunhão. Artigo 1659: Excluem-se da comunhão: I – os bens que cada cônjuge possuir ao casar, e os que lhe sobrevierem, na constância do casamento por doação ou sucessão, e os sub-rogados em seu lugar; II – os bens adquiridos com valores exclusivamente pertencentes a um dos cônjuges em sub-rogação dos bens particulares; III – as obrigações anteriores ao casamento; IV – as obrigações provenientes de atos ilícitos, salvo reversão em proveito do casal; V – os bens de uso pessoal, os livros e instrumentos de profissão; VI – os proventos do trabalho pessoal de cada cônjuge; VII – as pensões, meios-soldos, montepios e outras rendas de semelhantes. Estes artigos estão no título II, subtítulo I, capítulo III (do regime de comunhão parcial de bens).

[202] Os princípios utilizados pelo legislador brasileiro (regime de comunhão parcial de bens), não podem ser aplicados em Portugal, pois não estão previstos em lei alguma. Além do mais, a união de fato no Direito Português não é considerada relação familiar. PITÃO. Ob. Cit. p. 174.

V – os frutos dos bens comuns, ou dos particulares de cada companheiro, percebidos na constância da união, ou pendentes ao tempo de cessar a comunhão.

Excluem-se da comunhão:

I – os bens que cada companheiro possuir ao constituir a união, e os que lhe sobrevierem, na constância da união, por doação ou sucessão, e os sub-rogados em seu lugar;
II – os bens adquiridos com valores exclusivamente pertencentes a um dos companheiros em sub-rogação dos bens particulares;
III – as obrigações anteriores à união;
IV – as obrigações provenientes de atos ilícitos, salvo reversão em proveito de ambos os companheiros;
V – os bens de uso pessoal, os livros e instrumentos de profissão;
VI – os proventos do trabalho pessoal de cada companheiro;
VII – as pensões, meios-soldos, montepios e outras rendas de semelhantes".[203]

Seguindo ainda os ensinamentos do ilustre autor supracitado, deve ser usada para a união de fato a inteligência dos artigos 1661 e 1662[204] do mesmo *Codex*. Tais artigos dizem ser incomunicável o patrimônio cuja aquisição tiver por título uma causa anterior à união de fato. E, que presumir-se-ão adquiridos na constância da união os bens móveis, salvo prova em contrário.[205-206]

Quanto à administração dos bens, também devem ser empregadas as normas dispostas no novo Código Civil Brasileiro para o regime de

---

[203] *União Estável*. Ob. Cit. p. 192. Vide também CAHALI. *Contrato de Convivência*. Ob. Cit. p. 280. n. 4. SOARES. Ob. Cit. p. 89-90.

[204] Estes artigos também pertencem ao título II, subtítulo I, capítulo III, (do regime de comunhão parcial de bens) que vai do artigo 1658 a 1666.

[205] OLIVEIRA. *União Estável*. Ob. Cit. p. 192-193.

[206] No ordenamento jurídico de Portugal, os conviventes podem convencionar sobre a aquisição de um bem em compropriedade, como por exemplo a casa de morada e os móveis que a guarnecem. Mas, para isso, necessário fazer constar no título de aquisição o nome dos dois conviventes. "Quanto a nós, não poderá fazer-se apelo, indiscriminadamente, a uma pretensa presunção de compropriedade (como a constante do título n.º 2 do art. 1736.º), quando tal não conste do título aquisitivo, muito embora seja de admitir que a prova possa ser feita com o recurso dos meios comuns, nomeadamente, testemunhal ou documental, e quanto a esta, quando resulte para além do próprio título aquisitivo". PITÃO. Ob. Cit. p. 175. Vide também: n. 7, da citada obra.

comunhão parcial (artigos 1663 *caput*, 1663, § 2.º e 1665), salvo estipulação contrária em contrato escrito.

Sendo assim, se forem bens comuns, a administração cabe a qualquer dos conviventes, ainda que se exija a anuência de ambos os companheiros para celebração dos atos a título gratuito, que impliquem cessão do uso ou gozo do patrimônio comum. Já, se o patrimônio for particular, ou seja, pertencente a um só dos companheiros, só a este caberá a administração.[207]

Sobre a responsabilidade pelas dívidas contraídas, também se aplica o disposto para o regime de comunhão parcial de bens, adaptado para a união de fato, conforme mandamento do já citado artigo 1725 do atual Código Civil Brasileiro.[208]

Deste modo, as dívidas assumidas por qualquer dos conviventes na administração de seu patrimônio particular e, em proveito deste, não obriga o patrimônio comum (artigo 1666). Já, as dívidas assumidas, no exercício da administração do patrimônio comum, obrigam o patrimônio comum, bem como os bens particulares do convivente que está na administração, pois é ele quem é o responsável, obrigando também os bens do outro convivente na medida do proveito que houver auferido (artigo 1663, § 3.º). Obrigam também o patrimônio comum as dívidas contraídas por um dos conviventes para atender os encargos da família, bem como despesas de administração e as decorrentes de imposição legal (artigo 1664)[209].

---

[207] OLIVEIRA. *União Estável*. Ob. Cit. p. 193.

[208] Em Portugal esta matéria (dívidas contraídas pelos conviventes), não foi regulamentada nem pela Lei 135/99, tão pouco pela Lei 7/2001. Portanto, para resolver questões sobre este tema, deve lastrear-se nos princípios gerais em matéria de responsabilidade civil contratual, direito das obrigações e direito real. Em outras palavras, as dívidas contraídas por qualquer um dos conviventes terão natureza de dívidas próprias, já que neste campo não poderão vigorar as presunções de comunicabilidade decorrentes do artigo 1691.º do Código Civil Português. Já, de forma diferente previa o Projeto de Lei 384/VII, do PCP, que "remetia, na sua generalidade, a responsabilidade por dívidas na constância da união de facto para o regime estabelecido no casamento. É o que resulta dos seus artigos 17.º a 21.º...". PITÃO. Ob. Cit. p. 179-180 e n. 11. COELHO. *Curso de Direito da Família*. Diz ser razoável que se estenda à união de facto o art. 1691.º, b), não só com intuito de proteger terceiros, como também um convivente do outro. Ob. Cit. p. 102 e 106.

[209] De modo bem diferente ocorre no direito Lusitano, visto não haver a presunção de comunicabilidade já explicitada em nota anterior. Ou seja, "será responsável aquele companheiro que figure no título como devedor, não se vislumbrando expediente legal para responsabilizar o outro, mesmo que se saiba que houve proveito de ambos". Para que ambos sejam responsabilizados pelas dívidas contraídas, necessário constar no título da dívida o nome dos dois". PITÃO. Ob. Cit. p. 180-186.

Importante lembrar que todos os artigos citados neste parágrafo são do Código Civil Brasileiro de 2002.[210]

Há ainda algumas disposições gerais aplicáveis às relações patrimoniais entre cônjuges, que eventualmente poderão ser aplicadas às uniões de fato, no que couberem, sempre observando o estipulado em contrato escrito se houver. Artigos 1639 a 1652, que estão inseridos no Título II (Do direito patrimonial), Subtítulo I (Do regime de bens entre os cônjuges), Capítulo I (Disposições gerais) do novo Código Civil.

Importante dizer que a união de fato não foi totalmente igualada ao casamento para efeito do regime de bens, caso não haja entre os companheiros um contrato escrito. Isto se prova, visto que a doutrina brasileira vem afirmando que deve ser afastada a aplicação para a união de fato dos artigos que tratam do pacto antenupcial, por serem estes de distinta natureza do contrato escrito celebrado entre os unidos de fato.

Ademais, não se aplica à união de fato o artigo 1641, do atual Código Civil Brasileiro, que preceitua o regime de separação de bens em certas situações pessoais para os casados. Isto, é claro, não deixa de ser um privilégio para a união de fato[211]. Também para os unidos de fato, não deve ser observado o artigo 1647 do mesmo *Codex*, que reza a impossibilidade de um dos cônjuges poder alienar bens imóveis e praticar outros atos gravosos ao patrimônio comum sem a autorização do outro, salvo no regime de separação absoluta[212].

Diante do exposto, fica evidenciado que, para a união de fato, na falta de contrato escrito entre os conviventes, deve-se aplicar o regime de comunhão parcial de bens, com atenção às suas exceções acima expostas.

---

[210] OLIVEIRA. *União Estável*. Ob. Cit. p. 193. As dívidas assumidas por qualquer dos conviventes antes da caracterização da união de fato, só a ele pertencem. SOARES. Ob. Cit. p. 85-86.

[211] É de concluir que no direito Português também não se aplica tal preceito, separação de bens em certas situações artigo 1720.º do Código Civil. Tendo como espeque, o fato de a união afetiva neste país não gerar qualquer efeito patrimonial. PITÃO. Ob. Cit. p. 170-171.

[212] No sistema jurídico Português, como a união de fato não é fonte geradora por si só de direitos patrimoniais, os companheiros podem alienar bens imóveis que estão só em seu nome (propriedade plena), independente de autorização do outro e deste bem ter sido adquirido na constância da união. Poderá também, alienar sua quota parte se no título aquisitivo constar o nome de ambos os companheiros (compropriedade), devendo observar o direito de preferência do outro companheiro. PITÃO. Ob. Cit. p. 178-179. COELHO. *Curso de Direito da Família*. Ob. Cit. p. 102.

Diante deste quadro, pode-se concluir que a união de fato tem um regime patrimonial próprio, que empresta as regras do regime de comunhão parcial do casamento quanto aos bens que compõem o acervo comum. [213-214-215]

Os próximos capítulos serão dedicados ao estudo das características gerais dos contratos de coabitação.

---

[213] CAHALI. *Contrato de Convivência*. Ob. Cit. p. 281. Em Cabo Verde, em matéria de regime patrimonial da união de fato, é usado um sistema parecido com o aplicado no Brasil. Artigo 169.º (Regimes de bens e dívidas). Para estudo mais profundo sobre o tema vide ALMEIDA. Ob. Cit. p. 219-253.

[214] Não é demais dizer mais uma vez que: em Portugal "... a união de facto por si só, não é geradora de uma fonte de direitos patrimoniais relativamente à titularidade de bens adquiridos na sua constância, na medida em que...". PITÃO. Ob. Cit. p. 177.

[215] Importante registrar que no Brasil "já começa a ser objeto de análise pela doutrina e pela jurisprudência, é a prática da elaboração de 'contratos de namoro' para assegurar-se a um ou a ambos os namorados que de sua relação afetiva não resultará reconhecimento da condição de companheiros, e muito menos efeitos patrimoniais próprios da união estável." DAL COL. Ob. Cit. p. 140-144. Estes contratos de namoro, têm a finalidade de preservar o direito daqueles que querem manter uma relação sem surgir qualquer vínculo entre eles. Ou seja, simplesmente namorar. Para maiores estudos sobre estes tipos de contratos vide: DAL COL. Ob. Cit. p. 126-156.

CAPÍTULO II

Características gerais dos contratos de coabitação

1. Considerações gerais

Como já exposto, no Brasil, está previsto o contrato de coabitação, e na sua falta, o regime de comunhão parcial de bens, no que couber, é que rege o patrimônio dos conviventes.[1] Já em Portugal, não há previsão legal dos referidos contratos, nem são aplicáveis à união de fato as regras prevista para o casamento em matéria patrimonial[2].

Mas, deve ser levado em conta que a união de fato pode durar muitos anos, durante os quais, os conviventes podem adquirir bens, movimentar contas em bancos, contrair dívidas em benefício da família ou particular. Isto pode levar a uma confusão de patrimônios, como, por exemplo, quem deve ser o administrador dos bens comuns, ou no caso de uma dissolução da união, quem ficará com o ativo e quem arcará com as dívidas.[3]

---

[1] Há também, outros países que se utilizam da fixação entre os conviventes do regime de comunhão parcial de bens (regime de comunhão de adquiridos). Como: Honduras, Cabo Verde, Equador, dentre outros. ALMEIDA. Ob. Cit. p. 213. Sobre os contratos de coabitação em Espanha vide: LATA, Natalia Alvarez. Las Parejas de Hecho: Perspectiva Jurisprudencial. *In: Derecho Privado y Constitución*. Centro de Estudos Políticos Constitucionais, v. 12, 1998, p. 25-55. CASALS, Miquel Martín. Informe de Derecho comparado sobre la regulación de la pareja de hecho. *In: ADC*. Tomo XLVIII, Fasciculo IV, Octubre-diciembre, MCMXCV, p. 1800-1802.

[2] COELHO. *Curso de Direito da Família*. Ob. Cit. p 102-103. PITÃO. Ob. Cit. p. 171-179. ALMEIDA. Ob. Cit. p. 206, 209 e 214. Vide: AZEVEDO. *União Estável no Novo Código Civil*. Ob. Cit. p. 15-16. Acórdão da Relação de Coimbra de 20.01.1998, *Colectânea de Jurisprudência*. 1998. Tomo I. p. 6. O Projeto de Lei 384/VII do PCP previa em seu art. 5.º, os contratos de coabitação.

[3] COELHO. *Curso de Direito da Família*. Ob. Cit. p. 102-103.

É ai que entra a questão. Se será lícito os conviventes poderem regulamentar eles próprios, em instrumento particular, os aspectos patrimoniais e pessoais da sua união?[4] E, até onde podem ter alcance os efeitos desse contrato, para diminuir ou evitar por completo os problemas que poderiam surgir em relação à sociedade de fato que se forma entre o casal?[5]

Questões como estas que tentaremos responder ao longo deste trabalho.

Um ponto de vista largamente dominante na doutrina dos países anglo-saxônicos, é o que defende a solução de muitos problemas decorrentes das relações entre conviventes por meio do contrato de coabitação.[6]

De pronto, cabe dizer que, deve ser repelido qualquer tipo de propensão por parte do Estado de editar regras com o intuito de regulamentar totalmente a constituição da união de fato, bem como a possibilidade de contrato, para não ser criada uma forma particular de casamento.[7]

---

[4] Estudo mais profundo sobre os limites da autonomia privada vide: PATTI, Salvatore. Regime Patrimoniale Della Famiglia e Autonomia Privata. *In: Familia RDDFDSE*. Milano: Giuffré, v. 2, 2002, p. 285-312.

[5] Nem a lei Brasileira, muito menos a Portuguesa, conseguem ter respostas para todos os problemas que surgem da união de fato. As soluções tem que ser buscadas, caso a caso, na jurisprudência, aplicação das regras gerais de direito, etc.. O resultado de tal processo que alguém já chamou de 'adivinhação judiciária', pode acabar por ser injusto. Então uma boa solução é a celebração dos contratos de coabitação.

[6] ALMEIDA. Ob. Cit. p. 201. Importante dizer que, além do Brasil, muitos países já adotaram os contratos de coabitação como forma de resolver os problemas dos unidos de fato. E as experiências mostram que tem dado certo. Dentre eles, Holanda, Estados Unidos da América, Canadá, França, Bélgica, Itália, Espanha, Austrália, Equador, Suécia, Dinamarca e outros. Vide: BENJÓ. *União Estável e seus efeitos económicos em face da Constituição Federal*. Ob. Cit. p. 69-70. LORENZO, Sixto Sánches. Las parejas no casadas ante el Derecho Internacional Privado. *In: REDI*. v. XLI, n.º 2, 1989, p. 386 e 513. GAUTIER, Pierre-Yves. *L'union Libre en droit International Privé (étude de droit positif et prospectif)*. Paris: Policopiado, 1986, p. 41-42. FRANCESCHELLI, Vicenzo. *I rapporti di fatto*. Milano: 1984, p. 319. ALONSO. Ob. Cit. p. 155. ROMAIN, Delpierre. Les conventions de concubinage. *In: Le notaire, votre partenaire, aujourd'hui et demain*. Louvain-la-Neuve, Bruylant, 1992, p. 307-329. COELHO. *Curso de Direito da Família*. Ob. Cit. p. 109. O 3.º Comitê de Ministros do Conselho da Europa se posicionou pela validade dos contratos e disposições testamentárias entre unidos de fato. Recomendação R (88) de 07/03/1988 "*On the validity of contracts between persons living together as an unmarried couple and their testamentary dispositions*". Grifo nosso.

[7] Sobre este assunto: regulamentação da união de fato vide: MOTA, Helena. O Problema Normativo da Família. *In: Estudos em Comemoração dos Cinco Anos (1995--2000) da Faculdade de Direito da Universidade do Porto*. Coimbra: Coimbra, 2001,

E, no mesmo diapasão, cabe identificar o contrato de coabitação como "o instrumento pelo qual os sujeitos de uma união estável promovem regulamentações quanto aos reflexos da relação..." ou ainda "toda e qualquer manifcstação expressa de vontade dos companheiros a respeito da união estável..."[8].

O que não se pode deixar de dizer, é que o contrato de coabitação é um meio eficaz de garantia dos conviventes, tanto na prevenção de litígios quanto na resolução destes, diante dos efeitos duvidosos que a união de fato traz, tanto na doutrina brasileira quanto na lusitana[9]. Além do que, o contrato de coabitação faz prova da união de fato, especialmente quando atestado por testemunhas[10].

1.1. Terminologia

Foi adotada para a exposição deste trabalho a expressão contrato de coabitação, mas também são conhecidos outros termos que possuem o mesmo significado como: pacto anteconcubinário[11], contrato particular de assistência mútua e convivência comum[12], convenções entre os conviventes[13], contrato particular de constituição de sociedade de vida em comum[14],

---

p. 535-562. PRIETO. A. Fernando Pantaleón. La autorregulación de la union libre. *In: Poder Judicial*. Madrid: 2. Época, n. 4, Diciembre, 1986, p. 121-122. Sobre a privatização do direito da família vide: SOARES. Rogério Ehrhardt. e CAMPOS. Diogo Leite de. A Família em Direito Constitucional Comparado. *In: Revista da Ordem dos Advogados*. Lisboa: Abril, ano 50, 1990, p. 5-20. Vide também: CAMPOS, Diogo Leite de. O Cidadão-Absoluto e o Estado, o Direito e a Democracia. *In: Revista da Ordem dos Advogados*. Lisboa: Abril, ano 53, 1993, p. 5-19.

[8] CAHALI. *Contrato de Convivência*. Ob. Cit. p. 55 e 58.
[9] AZEVEDO. *Estatuto da Família de Fato*. Ob. Cit. p. 384-385.
[10] CAHALI. *Contrato de Convivência*. Ob. Cit. p. 59-60. OLIVEIRA. *União Estável*. Ob. Cit. p. 155. "Cabe anotar que o contrato de convivência não é exigível como prova da união estável. Mas sem dúvida que, existindo o contrato, muito mais facilmente se haverá por demonstrada a entidade familiar assim constituída". OLIVEIRA. *União Estável*. Ob. Cit. p. 162. O Projeto de Lei 384/VII do PCP em seu art. 32.º previa o contrato de coabitação como prova da existência de união de fato.
[11] PEREIRA, Rodrigo. *Concubinato e União Estável*. Ob. Cit. p. 43.
[12] TJDF, processo n.º 0034803-95, Emb. Infr., Acórdão n.º 85.070, 1.ª Câmara Cível, j. 20-3-96. *Apud* CAHALI. *Contrato de Convivência*. Ob. Cit. p. 57.
[13] SOARES. *União Estável*. Ob. Cit. p. 73.
[14] BAHEMA, Marcos. *Alimentos e União Estável a luz da nova lei civil*. Leme: JH Mizuno, 4 ed., 2003, p. 213.

convenção de união de facto[15], contrato de união de facto[16], *cohabitation contract, contrats des concubins, partnerschaftsverträge,*[17] *convenzioni di convivenza,*[18] *contratto di convivenza*, contrato de convivência, contrato de concubinato, contrato de união estável, contrato de união de fato, contrato de entidade familiar, pacto concubinário, contrato particular de convívio, contrato de parceria heterossexual, contrato de companheirismo[19], *cohabitation agreements*[20], *pacte civil de solidarité o (PACS) e convention de concubinage*[21].

2. Eficácia condicionada à existência da união de fato

De suma importância, explicitar que o contrato de coabitação não tem o condão de criar a união de fato, nem que esta união nasce de um instrumento particular. Contrato de coabitação e união de fato não se confundem.[22]

Os efeitos dos contratos de coabitação dependem da caracterização da união de fato *(condicio iuris)*, por meio de seus elementos necessários impostos por lei[23] para terem validade. A união nasce, como o próprio

---

[15] Art. 5.º, do Projeto de Lei 384/VII do PCP.

[16] XAVIER. *Novas Sobre a União "More Uxorio" em Portugal.* Ob. Cit. p. 1400.

[17] ALMEIDA. Ob. Cit. p. 202, n. 406.

[18] ANGELONI. Ob. Cit. p. 509.

[19] CAHALI. *Contrato de Convivência.* Ob. Cit. p. 57. Também usa essa expressão KICH. Ob. Cit. p. 11.

[20] ALMEIDA. Ob. Cit. p. 208. BRITO, Náglia Maria Sales. "Contrato de Convivência": Uma Decisão Inteligente. *In: RBDF.* Porto Alegre: Síntese/IBDFAM, n.º 8, 2001, p. 30.

[21] CAHALI. *Contrato de Convivência.* Ob. Cit. p. 300. ROMAIN. Ob. Ci. p. 307.

[22] COELHO. *Curso de Direito da Família.* Ob. Cit. p. 104. Em Angola, "O reconhecimento da união de facto pode ser por mútuo acordo dos companheiros. Nesse caso, tem que ser pedido individualmente pelos dois interessados, (art. 114.º, alínea *a*)) do Código de Família, mas simultaneamente, pois só os dois em conjunto têm legitimidade para formular o pedido. O mútuo acordo é condição essencial ao reconhecimento, por que têm de ser ambos a querer a conversão de uma união livre num negócio jurídico, que depois do reconhecimento, vai produzir precisamente os efeitos que produz o acto de casamento". MEDINA, Maria do Carmo. *Direito de Família.* Luanda: Colecção Faculdade de Direito de Uan, 2001, p. 275.

[23] Em Portugal o art. 1.º, n 1, da Lei 7/2001, exige que duas pessoas vivam mais de dois anos juntas, independente do sexo, para caracterizar a união de fato. No Brasil o art. 1723, do Código Civil vigente, assim diz: "É reconhecida como entidade familiar a união estável entre homem e a mulher, configurada na convivência pública, contínua e duradoura e estabelecida com o objetivo de constituição de família".

nome diz, de uma situação fática entre o casal a que a lei atribui efeitos, ou seja, a união se caracteriza pelo comportamento dos conviventes, e não pela vontade manifestada expressamente no contrato[24]. Todavia, o contrato servirá como meio de prova "que permitirá estabelecer um marco temporal a partir do qual se presume o início da união"[25].

Importante lição traz CAHALI em sua obra, quanto ao modo de como se aperfeiçoam os contratos de coabitação, entendendo não ser este um contrato consensual, ou melhor, um contrato que se aperfeiçoa pelo simples consentimento das partes, sem necessidade de qualquer outro complemento, como é a compra e venda, sociedade civil ou comercial[26].

É lógico que respeitando suas peculiaridades, o contrato de coabitação é análogo ao contrato real, que depende da entrega da coisa feita por um contratante ao outro, para seu completo aperfeiçoamento[27]. O contrato de coabitação para ter completa eficácia, necessita que um convivente se entregue ao seu companheiro de corpo e alma, para viverem uma vida juntos, como se fossem marido e mulher, constituindo deste modo a união estável[28].

A semelhança aos contratos reais e não consensuais, dá-se que o contrato de coabitação é uma forma de regramento patrimonial que não institui a união de fato por si só, mas que a pressupõe como condição de sua eficácia[29]. Em outras palavras: necessário existir ou ter existido uma união de fato entre duas pessoas para ser válido um contrato dessa natureza entre elas.

---

[24] COELHO. *Curso de Direito da Família.* Ob. Cit. p. 104. CAHALI. *Contrato de Convivência.* Ob. Cit. p. 60. CARVALHO, Paulo Martins de C. Filho. "Lei 9278 de 10 de maio de 1996". *In RT.* v. 734, Ano 85, de dezembro de 1996, p. 13-39, p. 29. Sobre condição de existência vide: ALONSO. Ob. Cit. p. 142 e 147. PRIETO. Ob. Cit. p. 120.

[25] PESSOA. Ob. Cit. p. 118-119.

[26] RODRIGUES, Silvio. *Direito Civil. Dos Contratos e das Declarações Unilaterais da Vontade.* São Paulo: Saraiva, 28 ed., v III, 2002, p. 35-36. DINIZ, Maria Helena. *Curso de Direito Civil Brasileiro.* São Paulo: Saraiva, 11 ed., v III, 1996, p. 83. No mesmo sentido CAHALI. *Contrato de Convivência.* Ob. Cit. p. 61. Sobre negócio jurídico consensual vide: ANDRADE, Manuel A. Domingues. *Teoria Geral da Relação Jurídica.* Coimbra: Almedina, v. II, 1998. p. 47-51.

[27] RODRIGUES. Ob. Cit. p. 35-36. DINIZ. *Curso de Direito Civil Brasileiro.* v. III. Ob. Cit. p. 84. TELLES, Inocêncio Galvão. *Manual dos Contratos em Geral.* Coimbra: Coimbra, 4 ed., 2002, p. 46-47 e 463-467. ALMEIDA, Carlos Ferreira de. *Contratos I.* Coimbra: Almedina, 2 ED., 2003, p 119-123.

[28] CAHALI. *Contrato de Convivência.* Ob. Cit. p. 61.

[29] CAHALI. *Contrato de Convivência.* Ob. Cit. p. 61.

Importante ressaltar que o fato de a eficácia do contrato, ora em estudo, depender da caracterização da união, não quer dizer que esta seja considerada propriamente uma condição, enquanto instituto ou modalidade dos atos jurídicos no sentido empregado pela legislação civil (art. 121 a 137 do Código Civil Brasileiro e art. 270.º a 279.º do Código Civil Português)[30], levando-se em conta que a eficácia do contrato de coabitação está sujeita a um evento futuro e incerto, ou atual (quando celebrado no curso da união), pela natureza de seu objeto. E, não por cláusula instituída voluntariamente pelos contratantes-conviventes[31].

Em outras palavras, não se pode dizer que essa figura contratual seja um contrato sob condição suspensiva, pois, se assim o fosse, seus efeitos ficariam condicionados a um evento futuro, quando de seu implemento, e sua eficácia retroagiria à data de sua celebração. No caso dos contratos de coabitação, sua eficácia só se verificará após o início da união de fato, visto que são válidas as disposições contratadas antes da concretização da união, mas, que só se tornarão válidas a partir da caracterização da mesma. Exemplo seria, conviventes que antes de começarem uma vida em comum contratam sobre seus bens. Tal contrato só terá validade se a união entre eles se concretizar, e sua eficácia não retroage à data da celebração do instrumento particular, e sim até no máximo ao início da união, não abrangendo bens adquiridos anteriormente à união[32].

Cediço que os contratos entre conviventes podem ser realizados no curso da união, ficando, deste modo, também, afastada a hipótese de ser classificados tais instrumentos como estando sob condição suspensiva, pois, se assim o fosse, o evento 'suspensivo' teria ocorrido antes de sua celebração. Do mesmo modo acontece com o pacto antenupcial, onde o casamento é um fato necessário para que o pacto produza seus efeitos e, é um evento que está previsto em lei, sendo independente da vontade dos particulares.[33]

---

[30] Para aprofundamento na matéria de contratos sob condição resolutiva ou suspensiva vide: RODRIGUES. Ob. Cit. p. 86-89. TELLES. Ob. Cit. p. 266-273.

[31] CAHALI. *Contrato de Convivência*. Ob. Cit. p. 61.

[32] CAHALI. *Contrato de Convivência*. Ob. Cit. p. 61-62. "Daí por que, por exemplo, na jurisprudência não se estar admitindo o contrato escrito, ainda que lavrado por escritura pública ou registrado em títulos e documentos, como prova pré-constituída da união estável..." CAHALI. *Contrato de Convivência*. Ob. Cit. p. 64.

[33] CAHALI. *Contrato de Convivência*. Ob. Cit. p. 62. Neste sentido SANTOS, J. M. Carvalho. *Código Civil Brasileiro Interpretado*. Rio de Janeiro: Freitas Bastos, 11 ed., 1977, p. 5-49. Vide: COELHO. *Curso de Direito da Família*. Ob. Cit. p. 483-505. ANDRADE. *Teoria Geral da Relação Jurídica*. Ob. Cit. p. 412, n. 2. CAMPOS. *Lições de Direito da Família e das Sucessões*. Ob. Cit. p. 381-388.

Não se pode dizer também que a união de fato, com o preenchimento de seus requisitos, é apenas uma condição resolutiva. É ela, muito mais que isso, pois representa condição jurídica de existência do contrato de coabitação. É condição *sine qua non* de validade do contrato, visto que este instrumento particular contém disposições exclusivamente para servir aos efeitos de uma união de fato, não servindo para qualquer outra finalidade jurídica.[34] Se houver a extinção da união, o contrato não sobrevive, "ressalvados os efeitos já produzidos cuja execução pode ser reclamada pelas partes, mesmo após o fim da relação"[35].

Por isso que o contrato de coabitação no Brasil é considerado negócio jurídico de Direito de Família, pois não terá eficácia se os contratantes não fizerem parte de uma entidade familiar (união de fato). Não é suficiente que os contratantes sejam civilmente capazes, necessário que tenham legitimidade para celebrarem este tipo de convenção.[36-37]

Não podem ser confundidas a condição de existência para o contrato de coabitação, que é a própria união de fato, e a possibilidade de se estipular cláusulas sujeitas à condição ou termo (no sentido clássico do instituto). Ou seja, é possível aos conviventes-contratantes estipularem voluntariamente cláusulas sujeitas a termo ou condição, como, por exemplo: dispondo os interessados a separação total do patrimônio até a união completar 5 (cinco) anos, após o que terá incidência a regra do artigo 1725 do Código Civil Brasileiro, ou até o nascimento de filho comum, situação em que o imóvel residencial será destinado à companheira.[38]

Como já dito acima, com o fim da união de fato, tem se o fim do contrato. Mas, como fazer para ele produzir seus efeitos? Para fazer valer o regime convencional, se não houver composição amigável entre os

---

[34] CAHALI. *Contrato de Convivência*. Ob. Cit. p. 62-63.
[35] CAHALI. *Contrato de Convivência*. Ob. Cit. p. 67.
[36] CAHALI. *Contrato de Convivência*. Ob. Cit. p. 62.
[37] Em Portugal, a união de fato não é considerada entidade familiar, mas é considerada parafamiliar, e é estudada nas cadeiras de direito de família. Pois, forma uma sociedade diferente de qualquer outra figura prevista no código. Tanto é que tem especial proteção do Estado na Lei 7/2001. COELHO. *Curso de Direito da Família*. Ob. Cit. p. 83-84. ALMEIDA, entende que os contratos de coabitação devem situar-se no âmbito do direito de família. *Da União de Facto*. Ob. Cit. p. 210. Sobre a diferença entre legitimidade e capacidade vide: ANDRADE. *Teoria Geral da Relação Jurídica*. Ob. Cit. p. 116-120.
[38] CAHALI. *Contrato de Convivência*. Ob. Cit. p. 63. Referido exemplo pode ser perfeitamente adaptado para as leis Portuguesas.

companheiros, o interessado terá que buscar um pronunciamento judicial sobre os efeitos do contrato. E, neste caso, necessária se faz a prova da existência da união, ou seja deverá haver a delimitação exata do seu período (início e fim), para só, neste período, serem reconhecidos os efeitos do convencionado.[39]

2.1 Momento da celebração

A boa doutrina, sem deixar de lembrar que existem pensamentos contrários[40], entende que o contrato de coabitação pode ser celebrado a qualquer tempo, seja previamente ao início da caracterização da união de fato[41], durante seu curso ou, até mesmo, após o seu fim.[42-43]

---

[39] Diferente é no casamento, onde "a convenção prevista no pacto ou regime legal de bens têm sua eficácia plena e real até mesmo independente da constância do matrimônio, pela só existência deste, sendo necessária decisão judicial apenas para a exclusão dos efeitos lá especificados". CAHALI. *Contrato de Convivência*. Ob. Cit. p. 69. Sobre este tema vide OLIVEIRA. *União Estável*. Ob. Cit. p. 163.

[40] Alguns autores brasileiros, afirmam que o termo final para a celebração do contrato de coabitação é o momento em que se dá a caracterização da união de fato. Afirmam isto, baseados no fato de que se deve dar tratamento análogo ao pacto antenupcial. E o pacto antenupcial só pode ser realizado antes do casamento. (art. 1639 do Código Civil Brasileiro e 1698.º do Código Civil Português). GAMA. Ob. Cit. p. 345-346. PIZZOLANTE. Ob. Cit. p. 90. Sobre tratamento análogo entre união de fato e casamento vide: MOTA. Ob. Cit. p. 540-541, esta autora entende que não pode ser dado tratamento análogo à ambos. No mesmo sentido: VENOSA, Sílvio de Salvo. *Direito Civil. Direito de Família*. São Paulo: Atlas, 3 ed.. v. 4, 2003, p. 57-61.

[41] No direito Lusitano, tem-se um prazo mínimo de dois anos para que a união de fato seja caracterizada e produza seus efeitos art. 1.º, n. 1, da Lei 7/2001. COELHO. *Curso de Direito da Família*. Ob. Cit. p. 98.

[42] CAHALI. *Contrato de Convivência*. Ob. Cit. p. 72. CZAJKOWSKI. Ob. Cit. p. 118-119. CARVALHO. Ob. Cit. p. 13-39. AZEVEDO. *Estatuto da Família de Fato*. p. 383. OLIVEIRA. *União Estável*. Ob. Cit. p. 155 e 163. BENJÓ. *O Novo Direito de Família: Casamento, União Estável e Filiação*. Ob. Cit. p. 209. O artigo 4.º do Projeto de Lei n.º 2686/96 (Estatuto dos Concubinos) propunha: "As partes poderão, a qualquer tempo, reger suas relações patrimoniais...".

[43] "Apenas a título ilustrativo, poderia se questionar: Qual a vantagem do acordo superveniente para o parceiro economicamente mais fraco após o rompimento? De início diga-se, aqui, que interessa definir a possibilidade jurídica de isso ocorrer, não a viabilidade material em cada caso concreto. No mais, é de ver que pode ser interessante, principalmente para a mulher, a solução de, ao invés de demandar judicialmente para haver a metade dos

Esta liberdade de celebrar o instrumento particular a qualquer momento tem base no princípio de direito civil, de que o ato não defeso, ou contrário à lei, à moral e aos bons costumes, é permitido, podendo ser realizado a qualquer tempo. Ao contrário se dá com o pacto antenupcial, que tem seu limite imposto em lei, pois este deve ser celebrado antes do casamento,[44] ficando claro que não se podem aplicar analogicamente as regras do matrimônio (pacto antenupcial) à união de fato, visto serem institutos completamente distintos, como já explanado anteriormente.[45]

Apesar de o contrato de coabitação poder ser celebrado a qualquer tempo, é evidente que sua celebração na constância da união de fato seria melhor do que a realizada ao término desta, pois este instrumento traz segurança à relação diante de uma evolução patrimonial que não era prevista no início da união, demonstrando, assim, um amadurecimento da relação, permitindo o seu prolongamento sem desconfiança por parte dos companheiros.

Melhor ainda é o contrato entre os unidos de fato, se realizado previamente ao início da relação. Deste modo, os companheiros darão início à relação já solucionadas certas questões, sobrando mais tempo para se dedicarem às questões familiares em busca de objetivos comuns, não pairando nenhuma dúvida sobre o real sentimento de um parceiro para com o outro, ou as freqüentes desconfianças na seara patrimonial[46].

---

bens, garantir o recebimento de alimentos compatíveis do ex-parceiro. Ao parceiro pode ser interessante ficar com os bens e administrá-los, comprometendo-se a pagar alimentos para a ex-companheira, e evitar a criação de um condomínio problemático". "Até na pendência da ação reclamando a incidência do art. 5.º (Lei 9278/96), e o reflexo patrimonial daí resultante, é possível o contrato para afastar a presunção. Mas, aí na forma de transação, homologada em decisão que põe termo ao processo. A incompatibilidade do contrato e da ação concorrente é elementar!" CZAJKOWSKI. Ob. Cit. p. 119. Neste sentido vide: CARVALHO. Ob. Cit. p. 33. GAUTIER. Ob. Cit. p. 43. ALMEIDA. *Da União de Facto*. Ob. Cit. p. 208.

[44] COELHO. *Curso de Direito da Família*. Ob. Cit. p. 483. CAHALI. *Contrato de Convivência*. Ob. Cit. p. 72. Vide: SOARES. *União Estável*. Ob. Cit. p. 75.

[45] CAHALI. *Contrato de Convivência*. Ob. Cit. p.73. SOARES. *União Estável*. Ob. Cit. p. 75.

[46] CAHALI. *Contrato de Convivência*. Ob. Cit. p. 75. Importante observação faz este mesmo autor sobre os contratos de coabitação: "Não que esta seja a solução dos problemas familiares. Aconselha-se a celebração de disposição dessa natureza para dar maior estabilidade e segurança à relação, com as partes livres de preocupações materiais para se entregarem exclusivamente à relação afetiva. Mas se esta fosse a solução, não se teria a crise no casamento, cuja situação, no aspecto patrimonial, os cônjuges já têm definida no instante da celebração do matrimônio". Ob. Cit. p. 75.

Em Portugal, tomando-se por base que a Lei 7/2001, art. 1.º, n. 1, atribui efeitos às uniões de fato só após completados dois anos do seu início[47], tem-se que os contratos de coabitação podem ser celebrados a qualquer momento, mas só produziriam eficácia a partir do segundo ano de existência da união de fato[48].

No Brasil, estes podem ter eficácia desde o início da união, visto que a lei brasileira não estipula prazo mínimo (art. 1723 do Código Civil).

3. Da retroatividade dos efeitos do contrato de coabitação

Evidente que o objetivo dos contratos de coabitação é regulamentar o patrimônio que advier ao casal na constância da união de fato, lembrando que sua eficácia está atrelada à caracterização da união que ele regulamenta.

Mas, deve ser levado em conta que, tanto no Brasil como em Portugal, ou qualquer outro país ocidental, existe grande número de pessoas que já vivem em união de fato.

Surge assim uma questão: Não poderão estes conviventes regulamentar sua união por esta já estar há tempos caracterizada, evitando assim futuros litígios? É lógico que sim, pois como já explicitado em tópico anterior, a qualquer tempo é possível celebrar contrato de coabitação.

Diante disso, o problema que se levanta é sobre a retroatividade das estipulações celebradas em contrato de coabitação, convencionadas no curso ou no término da união.

Mais uma vez, tomando por base a doutrina brasileira, já que, em Portugal esta matéria não tem sido colocada[49], entende-se que pode ser conferido efeito retroativo ao contrato de coabitação, podendo o mesmo regulamentar situações passadas, ou seja, já consumadas, pois não há qualquer impedimento, visto ser "ato de disposição patrimonial como qualquer outro".[50]

---

[47] COELHO. *Curso de Direito da Família*. Ob. Cit. p. 98. PITÃO. Ob. Cit. p. 75.

[48] O Projeto de Lei 384/VII do PCP, diz que o contrato de coabitação pode ser celebrado a qualquer momento na constância da união de fato, "até ao início da coabitação e durante o decurso do prazo estabelecido no art. 3.º, podem os membros do casal...celebrar convenção de união de facto..." (art. 5.º, n. 1).

[49] COELHO. *Curso de Direito da Família*. Ob. Cit. p. 103.

[50] CZAJKOWSKI. Ob. Cit. p. 119. "Claro está que as partes, sendo maiores e capazes, têm liberdade para dispor sobre seus bens presente ou futuros...". OLIVEIRA. *União Estável*. Ob. Cit. p. 161. Mesmo pensamento tem-se na doutrina Portuguesa: "Porém, nem todos

Nada impede que os conviventes estipulem regras sobre os efeitos patrimoniais da união de fato em curso ou já terminada, com base no princípio de que "as partes são livres para dispor sobre o seu patrimônio atual, passado ou futuro".[51]

Repetindo o que já foi dito, é valido estipular em contrato de convivência sobre bens pretéritos, fazendo deste modo seus efeitos retroagirem. Mas, para que seus efeitos tenham o condão de regulamentarem situações passadas, necessário que as partes o façam expressamente, pois não se pode presumir que as partes tenham convencionado sobre o passado, salvo se o fizeram de forma expressa[52].

Caso a regulamentação dos bens adquiridos anteriormente à celebração do contrato, mas na constância da união de fato, não seja feita de forma expressa, o contrato só terá eficácia para obrigar as partes quanto ao patrimônio futuro, porque, não se pode considerar renúncia de direito tácita, por não existir previsão em lei que autorize esta disposição. Melhor dizendo, "dispor de um patrimônio, igualmente, reclama a manifestação de vontade consciente e segura".[53]

Exemplificando: os conviventes podem estipular em instrumento particular que os bens pretéritos, presentes e futuros serão considerados bens particulares, pertencendo cada qual ao seu titular, afastando deste modo

---

os aspectos das relações jurídico-familiares estão vedados à autonomia privada, *maxime* os de ordem patrimonial". ALMEIDA. *Da União de Facto*. Ob. Cit. p. 210. CARVALHO. Há pensamento contrário: "firmado o contrato de convivência, o regime patrimonial decorrente será imutável, por aplicação analógica das normas relativas ao casamento, que prescrevem a inalterabilidade". Ob. Cit. p. 30.

[51] CAHALI. *Contrato de Convivência*. Ob. Cit. p 77. "Impedir aos companheiros, com livre disposição sobre seus bens preexistentes ou futuros, a estipulação de efeitos patrimoniais pretéritos à celebração do contrato, como parece indicar o texto em uma primeira leitura, com a devida vênia, parece-nos interferência totalmente imprópria nas relações patrimoniais entre os conviventes, impondo-lhes uma limitação contrária à capacidade civil e ao exercício da propriedade, tangenciando até a inconstitucionalidade, em face dos arts. 5.º, XXII, XXIII, e 170, III, da Constituição Federal de 1988". CAHALI. *Contrato de Convivência*. Ob. Cit. p. 82. Art. 421 e 1228 do Código Civil Brasileiro. Art. 62.º da Constituição da República Portuguesa e arts. 405.º e 1305.º do Código Civil Português. Vide: DUARTE, Rui Pinto. *Tipicidade e Atipicidade dos Contratos*. Coimbra: Almedina, 2000, p. 17-26.

[52] CAHALI. *Contrato de Convivência*. Ob. Cit. p 77. Neste mesmo sentido OLIVEIRA. *União Estável*. Ob. Cit. p. 161.

[53] CAHALI. *Contrato de Convivência*. Ob. Cit. p 77-78. No mesmo sentido, BITTENCOURT. *Concubinato*. Ob. Cit. p. 57. AZEVEDO. *Estatuto da Família de Fato*. Ob. Cit. p. 345.

a presunção de condomínio (regime da comunhão parcial de bens) prevista no artigo 1725 do novo Código Civil Brasileiro. Ou ainda, existe a possibilidade de se convencionar que os bens adquiridos até a presente data (data da celebração do contrato), terão determinado destino, reconhecendo a incomunicabilidade sobre certos bens e o condomínio sobre outros. Quanto aos bens futuros, será regido pelo disposto no artigo 1725 do *Codex* Brasileiro.[54]

Mesmo que os contratantes-conviventes celebrem contrato de coabitação no curso da união, reconhecendo expressamente que vivem há anos juntos, e estipularem que os bens adquiridos a partir do presente contrato não serão considerados bens comuns, não tem o instrumento particular eficácia quanto aos bens pretéritos, pois não há previsão expressa de renúncia de direito[55].

Os conviventes têm total autonomia para contratarem da forma que melhor atenda a suas necessidades, desde que respeitados os requisitos gerais de validade dos contratos como: moralidade, princípios gerais de direito, não sejam contrários à lei, capacidade e legitimidade das partes, objeto lícito, e forma não defesa em lei[56].

É de suma importância salientar que é permitida a estipulação de efeitos pretéritos nos contratos de coabitação, mas tais estipulações não são ilimitadas, encontram limite no início da união de fato que ele próprio (contrato) regulamenta. É tempo de dizer que o patrimônio pertencente aos conviventes anteriormente ao início da caracterização da união, não pode ser objeto do contrato ora em estudo, pois não podemos esquecer que este instrumento particular tem sua eficácia condicionada à existência de uma união de fato.[57]

---

[54] CAHALI. *Contrato de Convivência*. Ob. Cit. p 77. Em Portugal, não se pode estipular deste modo, pois, no ordenamento jurídico deste país não há esse tipo de regime para os unidos de fato.

[55] CAHALI. *Contrato de Convivência*. Ob. Cit. p 79. "O único rendimento que se pode dar a um contrato omisso a respeito do período é tê-lo como indício de que as partes optaram por essa forma de convivência durante toda a sua constância". CAHALI. *Contrato de Convivência*. Ob. Cit. p. 80. No mesmo sentido PEREIRA, Rodrigo da Cunha. *Direito de Família Contemporâneo*. Belo Horizonte: Del Rey, 1997, p. 117.

[56] Neste mesmo sentido ANGELONI. Ob. Cit. p. 512-514. Sobre requisitos gerais dos contratos vide: KICH. Ob. Cit. p. 111-129. TELLES. Ob. Cit. p. 385-417. VASCONCELOS. Ob. Cit. p. 330-363. ANDRADE. *Teoria Geral da Relação Jurídica*. Ob. Cit. p. 69-120. DINIZ. *Curso de Direito Civil Brasileiro*. Ob. Cit. p. 23-30. RIZZARDO, Arnaldo. *Contratos*. Rio de Janeiro: Aide, v. I, 1988, p. 24-48.

[57] CAHALI. *Contrato de Convivência*. Ob. Cit. p. 82.

Importante diferenciar a legislação portuguesa da brasileira.

Em Portugal, há um prazo de dois anos para que seja caracterizada uma união entre duas pessoas como de fato e esta passe a produzir efeitos (art. 1.º, n. 1, da Lei 7/2001)[58]. Diante disto, a eficácia dos contratos de coabitação só poderia retroagir até no máximo dois anos antes do início da união.[59]

Já, no Brasil, como se vê no artigo 1723, do Código Civil, não há um prazo mínimo para que a união produza seus efeitos. Basta que ela seja pública, contínua, duradoura e estabelecida com objetivo de constituir família, podendo então a eficácia dos contratos retroagir até o real início da mesma.

Conclui-se, então, que os contratos de coabitação não são uma opção para a escolha de regime de bens, não se equiparando aos pactos antenupciais, visto que não são capazes, por exemplo, de constituírem um regime de comunhão universal de bens, pois, como já dito antes, não pode ser objeto deste contrato o patrimônio adquirido antes de caracterizada a união[60]. Estipular neste instrumento particular que a união será regida por regime de comunhão universal, é juridicamente impossível.[61]

---

[58] COELHO. *Curso de Direito da Família*. Ob. Cit. p. 98. PITÃO. Ob. Cit. p. 75.

[59] Diante da Lei 7/2001, art. 1.º, n. 1, que só atribui efeitos à união de fato que dure há mais de dois anos, entende-se que o contrato de coabitação só poderia regulamentar uma união constituída neste tempo. Não abrangendo bens adquiridos antes de ser completado o prazo estipulado na Lei (dois anos). Sendo assim, haveria um período de obscuridade na relação, pois, o período que realmente iniciou a relação até esta completar os dois anos exigidos, não poderiam ser regulamentados, visto que a união não estava produzindo seus efeitos. De modo diferente preceitua o Projeto de Lei 384/VII do PCP, aduzindo que o contrato de coabitação poderia ser celebrado a qualquer momento na constância da união, e que sua eficácia não retroagiria, ou seja, seus efeitos só seriam projetados para o futuro (art. 5.º, n. 2).

[60] Entendimento contrário tem BENJÓ, que diz ser possível às partes estabelecerem regime de comunhão universal de bens. *O Novo Direito de Família: Casamento, União Estável e Filiação*. Ob. Cit. p. 208. Tanto no Brasil como em Portugal, a escolha do regime de bens, feita através de convenção antenupcial, pode abranger bens anteriores ao casamento, como: o Regime de Comunhão Universal (Geral) de Bens. Art. 1667 a 1671 do Código Civil Brasileiro e art. 1732.º a 1734.º do Código Civil Português. Vide: CAHALI. *Contrato de Convivência*. Ob. Cit. p. 82-83.

[61] "Ao pretenderem as partes a comunhão de bens anteriores à convivência, o instrumento apropriado é, se relativo a imóvel, a doação, com as suas formalidades, não o contrato de convivência". "Assim, a 'comunhão universal' ou a doação de imóvel no contrato de convivência, ainda que levado a registro em títulos e documentos ou como escritura de declaração em tabelionatos de notas, não terá valor para efeito de se transferir

Não importa se o contrato de coabitação terá sua eficácia projetada para o futuro, passado ou presente, sempre deverão ser respeitados os negócios jurídicos realizados com terceiros que estejam de boa-fé[62], assunto esse que será estudado em capítulo posterior.

4. Da mutabilidade

Tomando por base a grande diferença, já ressaltada, que há entre os pactos antenupciais[63] e os contratos de coabitação, atrelados ainda à liberdade de contratar a qualquer tempo, desde que preenchidos os requisitos essenciais aos contratos, podemos dizer que é possível alterar consensualmente, no todo ou em parte, e a qualquer tempo, os contratos sob exame,[64] por não existir no ordenamento jurídico brasileiro ou português, nada que impeça os conviventes de convencionarem sobre seu patrimônio no momento que julgarem necessário (art. 421 e 405.º do Código Civil Brasileiro e Português respectivamente)[65].

---

a propriedade ao parceiro. E até mesmo pela natureza da liberalidade, ainda não formalizada, admitiria a retratação, devendo ser interpretada apenas como promessa de doação. Já para bens móveis, a 'comunhão universal' constante no pacto também não terá significado algum pela impropriedade jurídica de sua opção, por não se estar diante de um pacto antenupcial condicionado ao casamento. Entretanto, válida será a doação de um ao outro ou recíproca, como cláusula do pacto, permitindo seja atingida a pretendida comunhão". Grifo nosso. CAHALI. *Contrato de Convivência*. Ob. Cit. p. 83. No mesmo sentido OLIVEIRA. *União Estável*. Ob. Cit. p. 161.

[62] OLIVEIRA. *União Estável*. Ob. Cit. p. 161-162. CAHALI. *Contrato de Convivência*. Ob. Cit. p. 84. Sobre boa-fé vide: ALARCÃO. Ob. Cit. 90-104.

[63] Os pactos antenupciais em Portugal são imutáveis (art. 1714.º do Código Civil). Já no Brasil, podem ser alterados mediante autorização judicial em pedido motivado de ambos os cônjuges, apurada a procedência das razões invocadas e ressalvados os direitos de terceiros (art. 1639, § 2.º) do Código Civil atual. COELHO. *Curso de Direto da Família*. Ob. Cit. p. 488-500. CAMPOS. *Lições de Direito da Família e das Sucessões*. Ob. Cit. p. 381-385.

[64] CAHALI. *Contrato de Convivência*. Ob. Cit. p. 85. VENOSA, Sílvio de Salvo. *Direito Civil. Direito de Família*. São Paulo: Atlas, v. 5, 2001, p. 371. SOARES. *União Estável*. Ob. Cit. p. 75. WALD, Arnoldo. *O Novo Direito de Família*. São Paulo: Saraiva, 2000, p. 241.

[65] Vide: ALARCÃO. Ob. Cit. p. 76-90. Neste sentido ALMEIDA. *Da União de Facto*. Ob. Cit. p. 210. De modo diverso preceituava o Projeto de Lei 384/VII, do PCP, em seu artigo 11.º. "Fica vedado aos casais vivendo em união de facto a celebração entre ambos de quaisquer negócios jurídicos que visem alterar o regime convencional ou supletivo previsto na presente lei".

Em vista da possibilidade de alteração a qualquer momento do contrato celebrado entre os conviventes, CZAJKOWSKI, em sua obra, diz: "Em face de bens que ainda não existem no patrimônio de um ou de outro, este contrato é, meramente, uma carta de intenções; a mutabilidade é intrínseca"[66]. Em comentário a este citado trecho, o doutor CAHALI explica que "curiosa e lúcida a observação de que a previsão para o patrimônio futuro seria apenas uma 'carta de intenções'. Realmente a convenção reveste-se dessa característica, pois poderá ser modificada a cada instante"[67].

Importante clarificar que a liberdade de modificação do instrumento particular, a qualquer tempo, não significa que uma das partes possa revogar ou retratar-se de modo unilateral. Pois, se assim fosse, este negócio jurídico não teria nenhuma segurança, devendo, então, ser seguido o princípio geral das obrigações contratuais bilaterais, qual seja, o princípio da obrigatoriedade dos contratos. Por este princípio, ninguém é obrigado a contratar, mas se o fizer de forma válida e eficaz, deverá cumpri-lo, não admitindo arrependimento unilateral. (*pacta sunt servanda*).[68]

Deste modo, fica fácil entender que a alteração do contrato de coabitação, bem como sua total revogação, pode ser realizada a qualquer momento, desde que feita por ato bilateral de comum acordo entre os conviventes.[69]

---

[66] Ob. Cit. p. 110.
[67] *Contratos de Convivência*. Ob. Cit. p. 86.
[68] "O princípio da força vinculante das convenções consagra a idéia de que o contrato, uma vez obedecidos os requisitos legais, torna-se obrigatório entre as partes, que dele não se podem desligar senão por outra avença, em tal sentido. Isto é, o contrato vai constituir uma espécie de lei privada entre as partes, adquirindo força vinculante igual à do preceito legislativo, pois vem munido de uma sanção que decorre da norma legal, representada pela possibilidade de execução patrimonial do devedor. *Pacta sunt servanda!*" RODRIGUES. Ob. Cit. p. 17-18. No mesmo sentido está a lei Portuguesa art. 406.º do Código Civil. Mas, não pode ser esquecido, que se for constatada a presença de cláusulas abusivas no contrato, causando enorme ou excessivo sacrifício à uma das partes, pode esta ser revista em juízo. KICH. Ob. Cit. p. 128-129. RODRIGUES. Ob. Cit. p. 23-25. Sobre Cláusulas abusivas vide: SÁ, Almeno de. *Cláusulas Contratuais Gerais e Directiva Sobre Cláusulas Abusivas*. Coimbra: Almedina, 2 ed., 2001, p. 17-25.
[69] CAHALI. *Contrato de Convivência*. Ob. Cit. p. 88-89. Exemplificando: Alteração contratual "existindo contrato amplo e abrangente de todos os bens, prevendo a participação diferenciada entre eles (70% e 30%), permite-se às partes, quando da aquisição de um determinado imóvel, por conveniência ou qualquer outro interesse, indicar que para este prevalecerá regra diversa da geral, consignando a mudança no próprio título aquisitivo,

Essas alterações não têm forma preestabelecida em lei para serem celebradas, devendo-se tomar por base a essência do contrato original, que também não tem forma preestabelecida, só sendo exigido que seja escrita (art. 1725 do Código Civil Brasileiro)[70]. Desta maneira, a única exigência que se pode fazer para a celebração das alterações é a forma escrita (expressa), devendo a mesma ser clara e inequívoca quanto ao seu conteúdo, (mesmo se o contrato de coabitação estiver registrado no Cartório de Títulos e Documentos), repudiando deste modo a forma verbal ou tácita.[71]

É oportuno dizer que, excepcionalmente, pode ser aceita alteração contratual de forma unilateral, desde que esta não traga nada de novo contra a vontade da outra parte. Ou seja, a mudança unilateral só poderá ocorrer quando for "promovida a expressa renúncia de um convivente a um direito patrimonial reconhecido em anterior contrato"[72], tratando-se essa alteração unilateral de uma "liberalidade em favor do companheiro, trazendo-lhe um benefício patrimonial não previsto"[73].

Exemplificando: É permitido a um dos conviventes renunciar à sua participação em condomínio com o outro companheiro, sobre um determinado bem a que não teria direito, mas o tem porque está previsto em contrato. Em contrapartida, não seria lícito por alteração unilateral o aumento da própria participação sobre o patrimônio comum, bem como o afastamento do outro convivente do condomínio previsto em contrato de coabitação.[74]

---

como, hipoteticamente, um condomínio em partes iguais, diferentemente da regra geral. Para esse bem, e exclusivamente para ele, prevalecerá a titularidade de cada um sobre a metade. Quanto aos demais bens, continuará a prevalecer o percentual inicialmente indicado". CAHALI. *Contrato de Convivência.* Ob. Cit. p. 91. OLIVEIRA. *União Estável.* Ob. Cit. p. 163. Vide também: CARVALHO. Ob. Cit. p. 32.

[70] No direito Lusitano não há previsão em lei dos contratos de coabitação, portanto não há obrigatoriedade de que estes sejam escritos. Mas deve ser evitada a forma verbal ou tácita. Pois, além de não existir renúncia tácita de direitos, traz mais segurança e certeza aos negócios jurídicos.

[71] CAHALI. *Contrato de Convivência.* Ob. Cit. p. 89-90. Vide: KICH. Ob. Cit. p. 135. Cfr. Art. 5.º n. 1, do Projeto de Lei 384/VII do PCP. SOARES. *União Estável.* Ob. Cit. p. 84.

[72] CAHALI. *Contrato de Convivência.* Ob. Cit. p. 89.

[73] CAHALI. *Contrato de Convivência.* Ob. Cit. p. 89.

[74] CAHALI. *Contrato de Convivência.* Ob. Cit. p. 89-91.

De suma importância dizer que os efeitos das alterações podem retroagir aos mesmos limites e condições analisados em tópico *supra*.[75] (capítulo 2, item 3).

Para finalizar, cabe saber se essa possibilidade de mutação do contrato de coabitação, a qualquer tempo, não cria vantagens à união de fato se comparado ao casamento, sendo importante lembrar que, em matéria de união de fato, quanto menos o Estado intervier nas relações, melhor será.

No plano jurídico, essa possibilidade de mudança, a qualquer tempo, no conteúdo dos contratos, traz desvantagens para os unidos de fato, pois a razão de ser da imutabilidade do pacto antenupcial é dar garantia e segurança à parte mais fraca, não economicamente, mas sim emocionalmente mais sensível e enamorada. E, que nestas circunstâncias, poderiam levar um convivente a abusar do outro em matéria patrimonial.[76]

5. Possibilidade de existência de mais de um contrato regulamentando o patrimônio do casal

Tanto no Brasil como em Portugal, existe possibilidade jurídica de estar simultaneamente em vigor mais de um contrato que regulamente o patrimônio do casal unido de fato. Ou seja, cada ato é celebrado consensualmente entre os conviventes, não se tratando, é lógico, de contratos celebrados com a intenção de revogar o anterior, como é o caso da mutabilidade acima estudada.

Na doutrina lusitana, PEREIRA COELHO e GULHERME DE OLIVEIRA afirmam que a reunião em um só contrato, de vários acordos entre os conviventes considerados válidos isoladamente, não fere de nulidade o contrato de coabitação. Diante disso, pode-se entender que é valida mais de uma estipulação que regulamente o patrimônio dos conviventes (pluralidade de contratos de coabitação), ou sua reunião em um só instrumento.[77]

---

[75] CAHALI. *Contrato de Convivência*. Ob. Cit. p. 93. Cfr. Art. 5.º, n. 1, do Projeto de Lei 384/VII do PCP.

[76] CAHALI. *Contrato de Convivência*. Ob. Cit. p. 87. MOTA. Ob. Cit. p. 541-542.

[77] COELHO. *Curso de Direito da Família*. Ob. Cit. p. 103. CARBONIER, entende que é válida a existência de mais de um acordo entre os convivente. Mas, a reunião de todos em um só contrato "contrato de coabitação", estaria eivado de ilicitude, pois estaria criando um casamento privado. Ob. Cit. p. 335, *apud* COELHO. *Curso de Direito da Família*. Ob. Cit. p. 103. Cfr. Art. 405.º, n. 2, do Código Civil Português. Sobre união de contratos vide: DUARTE. Ob. Cit. p. 50-55. No mesmo sentido ANGELONI. Ob. Cit. p. 509--511.

Estes contratos, celebrados com intuito de vigerem concomitantemente com outros, trazem uma diversidade de estipulações que estão relacionadas ao acervo patrimonial dos unidos de fato. Todos os instrumentos particulares devem ser realizados "em documentos próprios e independentes, cada qual com uma função ou finalidade, convivendo harmonicamente entre si, de tal sorte que as convenções têm plena eficácia no limite de seu objeto, naquilo eventualmente não modificado por ato posterior".[78]

Exemplificando: Conviventes que celebraram contrato de coabitação, e estipularam participação nos bens imóveis de 40% para um, e 60% para o outro. Nada impede, que no momento da aquisição de uma casa, no próprio título aquisitivo ou em outro contrato, se estipule a participação de 50% para cada um, ressalvando que tal percentual só será aplicado a este imóvel.[79]

E, se ocorrer de um contrato contradizer o outro, ou seja, mais de um instrumento particular regulamentando o mesmo assunto? Não haverá problema, visto que se trata de direito contratual, o contrato mais novo revoga o mais velho, passando então a ter validade aquele celebrado posteriormente.[80]

6. Âmbito de incidência dos contratos ou suas modificações

Cabe dizer, que seja um contrato de coabitação ou uma modificação a este instrumento particular. Podem ter ambos incidência total ou parcial na regulamentação do patrimônio adquirido na constância da união de fato.

Se o contrato ou sua modificação tiver âmbito de incidência total, estes incidirão sobre todo o patrimônio dos conviventes adquirido durante a constância da união de fato, sem exceção. Em outras palavras, essas convenções terão eficácia para o presente, passado (até a data do início da união de fato no Brasil e até a data em que a união completou dois anos em Portugal) e futuro, abrangendo todos os bens sem distinção.[81]

---

[78] CAHALI. *Contrato de Convivência*. Ob. Cit. p. 98.
[79] Neste sentido: CAHALI. *Contrato de Convivência*. Ob. Cit. p. 97-99. Em sentido oposto: GAMA. Ob. Cit. p. 338.
[80] CAHALI. *Contrato de Convivência*. Ob. Cit. p. 98.
[81] CAHALI. *Contrato de Convivência*. Ob. Cit. p. 93-94.

Já, se o contrato ou sua modificação forem de cunho parcial, não abrangendo todo o patrimônio, prevalece sobre os bens excluídos a incidência das disposições legais pertinentes a cada ordenamento jurídico ou continua a viger o contrato de coabitação já celebrado.[82]

Podem ainda, sobre outra óptica, o conteúdo do contrato de coabitação, bem como de sua alteração, ser de caráter específico, que determinam certa espécie de bens sobre os quais vão incidir sua força vinculativa[83]. Ou ser o conteúdo dos mesmos de caráter geral, ou seja, que incidem sobre todos os bens[84].

Diante do estudo sobre o âmbito de incidência de um contrato ou de uma modificação contratual, para saber se os contratantes-conviventes quiseram abranger ou excluir certo bem, necessário se faz a interpretação da real vontade das partes, podendo utilizar-se de todos os meios de prova disponíveis em Direito. Mas, deve o operador do Direito, sempre ter em mente que as partes não são meros titulares de direitos e obrigações, mas conviventes que constituíram uma entidade familiar ou parafamiliar.[85]

---

[82] Exemplificando: "Há possibilidade de se traçar o destino apenas dos bens futuros, deixando em aberto o patrimônio atual ou pretérito (quem sabe até por ser inexpressivo o valor, sugerindo a inexistência de conflito), ou, inversamente, de promover-se a partilha contratual dos bens até o momento, especificando a titularidade de cada companheiro sobre o acervo, e eventualmente condomínio, omitindo-se quanto aos bens futuros, por implicitamente aceitarem os interessados a incidência da presunção legal a partir da celebração do pacto". O fato de os conviventes ao adquirirem um bem, e no título aquisitivo (exemplo: escritura) estipularem expressamente participação diferenciada da prevista na lei ou contrato de coabitação já vigente (exemplo: 70% para um e 30% para outro), já basta para caracterizar contratação ou modificação de incidência parcial. CAHALI. *Contrato de Convivência*. Ob. Cit. p. 94.

[83] Exemplo de uma cláusula contratual, ou modificação contratual de caráter específico: A partir deste contrato os bens móveis serão tidos como bens comuns. Já os imóveis, pertencerão a cada qual conste de seu título aquisitivo. (veículos, ativos financeiros, aplicações em bolsa de valores, obras de arte, etc.) CAHALI. *Contrato de Convivência*. Ob. Cit. p. 95.

[84] Exemplo de um contrato ou modificação com âmbito de incidência genérico: "Bens anteriores ao contrato têm um destino, e bens posteriores seguem outra direção, ou apenas contemplando a total incomunicabilidade de bens pretéritos e futuros". CAHALI. *Contrato de Convivência*. Ob. Cit. p. 95.

[85] CAHALI. *Contrato de Convivência*. Ob. Cit. p. 95-96. Sobre interpretação dos contratos vide: TELLES. Ob. Cit. p. 443-448. "Nos contratos atípicos, o intérprete tem que contar mais com as estipulações negociais e pode contar menos com o direito dispositivo". VASCONCELOS. Ob. Cit. p. 375. SÁ. Ob. Cit. p. 64-68. ANDRADE. *Teoria Geral da Relação Jurídica*. Ob. Cit. p. 305-320. RODRIGUES. Ob. Cit. p. 49-55. GONÇALVES, Luiz da Cunha.

7. Contrato de coabitação como negócio jurídico

É possível afirmar que o contrato de coabitação, malgrado suas peculiaridades, não deixa de ser um negócio jurídico, visto que há uma composição de interesses com finalidade de criar, adquirir, transferir, modificar e extinguir direitos.[86]

Sendo assim, para ter validade tal negócio jurídico, necessário se faz a presença dos requisitos gerais: agente capaz, objeto lícito, possível e determinado ou determinável e forma prescrita ou não defesa em lei,[87] que, a seguir, serão objeto de estudo.

7.1. Requisitos gerais para celebração do negócio jurídico entre os conviventes

Todo ato negocial pressupõe uma declaração de vontade, e a capacidade do sujeito é indispensável para dar validade a sua participação na seara jurídica, como primeiro requisito[88].

Princípios de Direito Civil Luso-Brasileiro. São Paulo: Max Limonad, v. I, 1951, p. 244. ALMEIDA, Carlos Ferreira de. Interpretação do Contrato. *In: O Direito*. Lisboa: Ano 124, IV (outubro-dezembro), 1992. p. 629-651. Cfr. Art. 236.º a 238.º do Código Civil Português e art. 112 do Código Civil Brasileiro.

[86] GONÇALVES, Carlos Roberto. *Direito Civil. Parte Geral. Sinopses Jurídicas*. São Paulo: Saraiva, 5 ed., v. I, 1999, p. 86-88. Uma das diferenças entre ato jurídico e negócio jurídico, é que "no ato jurídico a eficácia é *ex lege*; no negócio é *ex voluntate*. O negócio jurídico tem conteúdo normativo; o ato jurídico não. No ato existe vontade; no negócio, vontade mais intenção, i. e., vontade dirigida a produzir determinados efeitos". AMARAL, Francisco dos Santos A. Neto. Negócio Jurídico I. *In:* FRANÇA, R. Limongi (coord.). *Enciclopédia Saraiva do Direito*. São Paulo: Saraiva, v. 54, 1977, p. 170-178. ACQUAVIVA, Marcus Cláudio. *Dicionário Jurídico Brasileiro*. São Paulo: Jurídica Brasileira, 1993, p. 188 e 851-853. Vide: ANDRADE. *Teoria Geral da Relação Jurídica*. Ob. Cit. p. 37-44. TELLES. 17-20 e 27-34. SOUSA. Miguel Teixeira de. Os poderes do Supremo Tribunal de Justiça na Interpretação dos Negócios Jurídicos. *In: RFDUL*. Lisboa: Lex, v. XXXV, 1994, p. 209-218.

[87] Art. 104 do Código Civil Brasileiro. Arts. 67.º, 280.º, 294.º e 401.º, do Código Civil Português. CAHALI. *Contrato de Convivência*. Ob. Cit. p. 101. OLIVEIRA. *União Estável*. Ob. Cit. p. 158-159. Sobre este assunto vide: VASCONCELOS. Ob. Cit. p. 330-363. ANDRADE. *Teoria Geral da Relação Jurídica*. Ob. Cit. p. 33-36. TELLES. Ob. Cit. p. 287--310.

[88] DINIZ. *Código Civil Anotado*. Ob. Cit. p. 112.

Para a lei civil, agente capaz significa a capacidade do indivíduo que é auferida quando este completar 18 anos[89]. Antes disso, entre os 16 e os 18 anos, é considerado relativamente incapaz, podendo contratar, desde que assistido por seus representantes legais, e antes dos 16 anos, é tido como absolutamente incapaz devendo ser representado nos atos da vida civil. Abaixo dos 16 anos, sua vontade não é considerada. Acima, até os 18 anos, é considerada desde que assistido.[90]

E se houver uma união de fato entre pessoas menores de 16 anos?

Esse é um problema que surge no Brasil, pois não há expressamente na lei brasileira limite de idade para a união de fato gerar seus efeitos. Já, em Portugal, tal assunto facilmente ficaria resolvido, pois há limites estabelecendo a idade em 16 anos para caracterizar a união e esta gerar seus efeitos[91].

A questão deve ser resolvida com espeque na lei civil, artigo 1550 do Código Civil Brasileiro,[92] visto que a doutrina entende que os vícios preceituados neste artigo devem ser aplicados à união de fato.[93] De modo

---

[89] Arts. 5.º e 130.º do Código Civil Brasileiro e Português respectivamente.

[90] KICH. Ob. Cit. p. 111-112. DINIZ. *Código Civil Anotado*. Ob. Cit. p. 9-15. Vide: CAHALI. *Contrato de Convivência*. Ob. Cit. p. 101-102.

[91] Art. 2.º, *a)*, da Lei 7/2001. Tendo-se que a união de fato só poder ser caracterizada por pessoas maiores de 16 anos, e que esta só vai produzir seus efeitos após dois anos contados da caracterização, têm-se que só os maiores de 18 anos podem celebrar contrato de coabitação. "Há, portanto, razões que, embora não proibindo a união de facto antes de determinada idade, impedem, contudo, que a lei lhe reconheça qualquer eficácia". PITÃO. Ob. Cit. p. 83-86.

[92] Art. 1550 do Código Civil Brasileiro. "É anulável o casamento: I – de quem não completou a idade mínima para casar; II – do menor em idade núbil, quando não autorizado por seu representante legal; III – por vícios da vontade, nos termos dos arts. 1556 a 1558; IV – do incapaz de consentir ou manifestar, de modo inequívoco, o consentimento..." KICH entende que, se a lei específica da união de fato for omissa em certos pontos, deve ser aplicado o art. 4.º da Lei de Introdução do Código Civil. "Art. 4.º: Quando a lei for omissa, o juiz decidirá o caso de acordo com a analogia, os costumes e os princípios gerias de direito". Ob. Cit. p. 108-109.

[93] GAMA. Ob. Cit. p. 189. No mesmo sentido CAHALI. *Contratos de Convivência*. Ob. Cit. p. 111. Notáveis palavras diz KICH em sua obra a respeito da união de fato entre menores: "Em primeiro lugar, o que estiver feito, feito está, não mais se podendo negar o fato. Pode-se, no máximo, avaliar os efeitos. Uma união de fato entre menores de 16 anos pode ter produzido efeitos que merecem consideração. O instrumento contratual pode ser nulo, se houver. Não mais se podendo anular, porém, as conseqüências. Se gerou prole; se houve formação de economia comum, valem as regras da lei 9278/96. A nulidade de um instrumento contratual não anula os fatos ocorridos." Ob. Cit. p. 112-113. Texto escrito antes da entrada em vigor do Código Civil Brasileiro de 2002.

que, a relação entre pessoas que tenham tais óbices não merece ser caracterizada como união de fato tutelada pela lei.

Entendem os doutrinadores que, enquanto entidade familiar, a união de fato deve ser pautada pela moralidade e dignidade, impedindo, deste modo, relações incestuosas, adulterinas, entre pessoas com vínculo de parentesco civil, natural ou afinidade, e entre menores, dentre outros vícios apontados na norma.

Sendo assim, a não caracterização da união de fato entre menores (absolutamente incapazes) torna os contratos de coabitação sem eficácia, visto lhes faltar sua condição de existência.

Sob outro ângulo, hipoteticamente considerando que seriam válidas as uniões de fato entre absolutamente incapazes, faltar-lhes-ia capacidade para os atos da vida civil para celebrarem negócio jurídico (capacidade do agente).

Já, os que estão na faixa etária entre 16 e 18 anos (relativamente incapazes) podem ou ser emancipados e contratarem por si sós, ou celebrarem contrato de convivência assistidos pelos seus representantes legais, pais ou tutores. Mas, para ser caracterizada a união de fato entre eles, também é necessário que sejam emancipados ou autorizados por seus representantes legais a constituí-la.

Quanto aos que são considerados incapazes, não por falta de idade, mas, por não terem o necessário discernimento para a prática desses atos, além de ficar vedada a contratação, não gera efeitos a união de fato entre eles no Brasil[94].

Os surdos, mudos, surdos-mudos e os cegos merecem atenção especial, pois são admitidos a contratar e constituírem união de fato, desde que alcancem o sentido e a profundidade dos atos jurídicos que praticarem. Isso se dá, em vista da proteção a essas pessoas para evitar lesões patrimoniais.[95]

Como segundo requisito geral para validade do contrato de coabitação, temos a licitude do objeto.

Por objeto lícito, possível, determinado ou determinável entende-se ter o contrato um conteúdo legalmente permitido. Ou seja, conforme a lei, não sendo contrário aos bons costumes, à ordem pública e à moral. Deverá

---

[94] Em Portugal, é impeditivo para a caracterização da união de fato, a convivência entre pessoas portadoras de demência notória, mesmo nos intervalos lúcidos, e interdição ou inabilitação por anomalia psíquica (art. 2.º, b), da Lei 7/2001).

[95] KICH. Ob. Cit. p. 113.

ainda este conteúdo ser possível, física ou juridicamente. O objeto do contrato deve ser determinado, ou ao menos suscetível de determinação, pelo gênero e quantidade. Se o conteúdo for ilícito, impossível ou indeterminável, nulo será o contrato.[96]

Devemos ter em mente que estamos falando sobre união de fato, e contratar sobre os aspectos patrimoniais dessa união. Nada existe que proíba a união de fato entre duas pessoas (Brasil só heterossexual[97], Portugal homo e heterossexual), nem texto de lei proibindo que esta fosse regulamentada por contrato escrito. No Brasil, há ainda a permissão expressa dessa contratação no artigo 1725 do novo *Codex*.[98]

Sendo assim, não há mais como rejeitar o conteúdo do contrato de coabitação com base na ilicitude ou imoralidade de seu objeto, pois este o deixou de ser há muito tempo, como já explicitado nesse estudo. Ainda mais, que tanto no Brasil como em Portugal existem leis que atribuem efeitos jurídicos a essa forma de união.[99-100]

O terceiro e último requisito geral de validade do instrumento particular que regulamenta a vida patrimonial dos unidos de fato, é ter forma prescrita ou não defesa em lei. A regra geral é que a declaração de vontade não dependerá de forma especial, salvo quando a lei expressamente exigir[101]. No caso dos contratos ora em debate, não há previsão legal em

---

[96] DINIZ. *Código Civil Anotado*. Ob. Cit. p. 104.
[97] Como já dito antes, em 19/03/2004, o Brasil, no Estado do Paraná, oficializou pela primeira vez uma união de fato entre homossexuais, – fonte: http//www.aasp.org.br, acesso 19/03/2004. Mas, esta matéria ainda não está sedimentada na doutrina, nem na jurisprudência Brasileira.
[98] KICH. Ob. Cit. p. 113-114.
[99] CAHALI. *Contrato de Convivência*. Ob. Cit. p. 101-103. Vide também: ALONSO. Ob. Cit. p. 153. PRIETO. Ob. Cit. p. 122-123.
[100] Exemplos de objeto ilícito nos contratos de coabitação: "For estipulado o chamado *pacta corvina*, dispondo as partes sobre herança de pessoa viva, através de cláusula relativa ao patrimônio a ser recebido por qualquer dos conviventes, em razão da sucessão hereditária ainda não aberta, a convenção representa disfarçada cessão prematura de direitos sucessórios, o que vicia esta deliberação, mas não compromete, por si só, outros eventuais ajustes lícitos promovidos entre as partes". Contrato que "autorize a quebra do dever de lealdade exclusiva por qualquer um dos companheiros", pois descaracterizaria a união de fato. CAHALI. *Contrato de Convivência*. Ob. Cit. p. 103. "Não se admitem, no contrato de convivência, cláusulas restritivas a direitos pessoais, dos companheiros ou violadoras de preceitos legais... nula será a cláusula de afastamento do direito à sucessão hereditária prevista nas leis da união estável". OLIVEIRA. *União Estável*. Ob. Cit. p. 158.
[101] Art. 107 e 219.º do Código Civil Brasileiro e Português respectivamente.

Portugal exigindo forma especial, nem lei como já dito, que proíba a realização deste ato. No Brasil, além de ser previsto em lei, é exigido que seja escrito.[102]

Deve-se optar pela forma escrita a verbal, visto trazer mais segurança e certeza ao negócio jurídico.

Importante lembrar que o contrato de coabitação como qualquer outra convenção particular está sujeito a todos os princípios inerentes ao direito contratual, bem como aos princípios gerais de direito. Sendo assim, estão expostos à teoria das nulidades dos atos jurídicos como erro, dolo, coação, simulação e fraude (art. 145 a 165 e 240.º a 257.º do Código Civil Brasileiro e Português respectivamente).[103]

Merece consideração lembrar que a eficácia do contrato de coabitação está atrelada à caracterização da união de fato, de tal sorte que, mesmo preenchidos todos os requisitos gerais do negócio jurídico, faltando aquela, não terá validade.[104]

7.2. Da forma do contrato de coabitação

Como já salientado, não há prescrição em lei de forma específica para celebração de contrato dessa espécie. Sendo a convenção entre conviventes um negócio jurídico, deve ser seguida a regra geral contida no artigo 107 do Código Civil Brasileiro e 219.º do Código Civil Português,[105] que rezam a liberdade de declaração negocial, sem forma especial, exceto quando a lei exigir[106].

Mas, no Direito Brasileiro, para a contratação relativa aos efeitos patrimoniais da vida em comum, a lei exige um requisito formal e essencial,

---

[102] KICHI. Ob. Cit. p. 115. CAHALI. *Contrato de Convivência*. Ob. Cit. p. 104-105. OLIVEIRA. *União Estável*. Ob. Cit. p. 159. Vide: DINIZ. *Código Civil Anotado*. Ob. Cit. p. 113.

[103] CAHALI. *Contrato de Convivência*. Ob. Cit. p. 106. Vide: Sobre a validade das cláusulas dos contratos de coabitação estarem sujeitas ao direito comum vide: COELHO. *Curso de Direito da Família*. Ob. Cit. p. 103. Sobre vícios da vontade vide: ANDRADE. Ob. Cit. p. 168-225 e 227-284. TELLES. Ob. Cit. p. 77-125.

[104] CAHALI. *Contrato de Convivência* Ob. Cit. p. 106. CARVALHO. Ob. Cit. p. 30.

[105] Art. 107 do Código Civil Brasileiro. "A validade da declaração de vontade não dependerá de forma especial, senão quando a lei expressamente a exigir". Art. 219.º, do Código Civil Português. "A validade da declaração negocial não depende da observância de forma especial, salvo quando a lei exigir".

[106] TELLES. Ob. Cit. p. 137-141.

ou seja, forma escrita,[107] sem a qual, os conviventes não poderão afastar o 'regime da comunhão parcial de bens' previsto na lei (art. 1725 do Código Civil Brasileiro).[108]

Diferente do que ocorre hoje em Portugal, onde não há lei que reclame forma específica para esta espécie contratual, os contratos de coabitação podem ter qualquer forma (art. 219.º do Código Civil Português).[109]. Porém, como já salientado, deve-se optar pela forma escrita, visto trazer mais segurança e certeza aos negócios jurídicos[110].

Deste modo, entende-se que para a celebração do contrato de coabitação, não é exigível escritura pública, não havendo necessidade de vir subscrito por testemunhas[111], dispensando qualquer outra formalidade que não seja a forma escrita.[112]

Em vista do exposto, o professor CAHALI afirma que os instrumentos particulares que visam à regulamentação patrimonial de quem vive em união de fato, "pode revestir-se com a roupagem de um documento solene, escritura de declaração, instrumento contratual particular levado ou não a registro em Cartório de Títulos e Documentos, documento informal, e até

---

[107] O Projeto de Lei 1888-F de 1991, em seu artigo 3.º e 4.º previa: "Os conviventes poderão, por meio de contrato escrito, regular seus direitos e deveres, observados os preceitos desta lei, as normas de ordem públicas atinentes ao casamento, os bons costumes e os princípios gerais de direito". "Para ter eficácia contra terceiros, o contrato referido no artigo anterior deverá ser registrado no Cartório do Registro Civil de residência de qualquer dos contratantes, efetuando-se, se for o caso, comunicação ao Cartório de Registro de Imóveis, para averbação." Conferindo assim grande formalidade para a celebração dos contratos. Estes artigos, foram vetados, pois se aproximaram muito do casamento na exigência de formalidades.

[108] OLIVEIRA. *União Estável*. Ob. Cit. p. 159. CAHALI. *Contrato de Convivência*. Ob. Cit. p. 129-130. VENOSA. *Direito de Família. Direito Civil*. v.6. Ob. Cit. p. 59. VIANA. Ob. Cit. p. 49-50.

[109] O projeto de Lei 384/VII do PCP, previa certa formalidade para a celebração do contrato de coabitação. Art. 5.º "...podem os membros do casal, através de escritura notarial, ou de auto lavrado perante o Conservador do Registro Civil, celebrar convenção de união de facto estabelecendo o regime de bens..." Cfr. art. 51.º e 52.º do referido Projeto de Lei.

[110] TELLES. Ob. Cit. p. 138-139. ANRADE. Ob. Cit. p. 143-145.

[111] CAHALI. *Contrato de Convivência*. Ob. Cit. p. 130. CZAJKOWSKI. Ob. Cit. p. 118. De modo diferente pensa AZEVEDO, entendendo que o contrato de coabitação deve ser assinado por testemunhas. *Estatuto da Família de Fato*. Ob. Cit. p. 104.

[112] CAHALI. *Contrato de Convivência*. Ob. Cit. p. 129-130. OLIVEIRA. *União Estável*. Ob. Cit. p. 159. Cfr. 219 do Código Civil Brasileiro. "As declarações constantes de documentos assinados presumem-se verdadeiras em relação aos signatários". E art. 221 do mesmo *Codex*.

mesmo ser apresentado apenas como disposições esparsas, instrumentalizadas em conjunto ou separadamente, desde que contenham a manifestação da vontade dos companheiros".[113]

Em outras palavras, qualquer disposição, acordo ou manifestação, expressada pelos conviventes terá validade como instrumento eficaz para regulamentar o patrimônio adquirido durante a relação, pois, o que importa é a manifestação escrita da vontade dos unidos de fato, independentemente do instrumento utilizado[114].

É importante dizer que, mesmo não sendo exigida qualquer formalidade para a celebração do contrato, exceto sua forma escrita, é de grande valia solenizá-lo tanto quanto for possível, como, por exemplo: assinatura conjunta de testemunhas, reconhecer firma das assinaturas das partes e testemunhas, celebrar o contrato em mais de uma via e registrar no Cartório de Títulos e Documentos[115], pois, assim, poderá evitar-se, no futuro, dúvidas quanto à validade das declarações que contêm suas cláusulas, argüições de nulidade por vícios na manifestação da vontade e, até mesmo, alegação de falsidade de documento ou falsidade de assinaturas, preenchimento de papel em branco e outras dúvidas que podem surgir.[116] Quanto à possibilidade de registro ou averbação do contrato de coabitação no Cartório Registro de Imóveis, a maior parte da doutrina, (existindo pensamentos contrários)[117] entende não ser possível, visto não existir

---

[113] *Contrato de Convivência*. Ob. Cit. p. 131. No mesmo sentido OLIVEIRA. *União Estável*. Ob. Cit. p. 159.

[114] CAHALI. *Contrato de Convivência*. Ob. Cit. p. 131-132. OLIVEIRA. *União Estável*. Ob. Cit. p. 159. VENOSA. *Direito de Família. Direito Civil*. v.6. Ob. Cit. p. 59.

[115] "Perante o Cartório de Registro de Títulos e Documentos, no exercício de suas atribuições, apenas se promove a inscrição do instrumento particular, com a finalidade principal de conservação ou preservação do documento. Não se transforma o instrumento particular em instrumento público. Por seu turno, pelo próprio registro, torna-se público o conhecimento do seu conteúdo, mas sem eficácia *erga omnes*, no sentido de ser oponível a união estável contra terceiros". CAHALI. *Contrato de Convivência*. Ob. Cit. p. 132-133. CARVALHO. Ob. Cit. p. 32. Vide acórdão: Ap. Cív. 592.075.675, 3.ª Câm. Cível, j. 30.09.92, Rel. Des. João Loureiro Ferreira. "Pela incidência cada vez maior dessas escrituras, já vem sendo adotada pelos Tabelionatos a denominação de 'pacto de convivência'...". CAHALI. *Contrato de Convivência*. Ob. Cit. p. 135.

[116] OLIVEIRA. *União Estável*. Ob. Cit. p. 160. CAHALI. *Contrato de Convivência*. Ob. Cit. p. 132. Sobre as vantagens do formalismo vide: Relatório do Decreto-Lei n.º 30 032, de maio de 1942, publicado por iniciativa de VAZ SERRA. KICH. Ob. Cit. p. 134. ANGELONI. Ob. Cit. p. 541.

[117] CARVALHO. Ob. Cit. p. 31-32. SOARES. *União Estável*. Ob. Cit. p. 84.

previsão legal para tanto. Ademais, com o veto do presidente da República ao artigo 4.º, do Projeto de Lei n.º 1888-F, de 1991, este passou a participar diretamente do processo legislativo, não permitindo expressamente o registro naquele Cartório.

Vale dizer, que no Brasil, a não previsão do registro dos contratos de coabitação no Cartório de Imóveis foi intencional, pois, de plano, estava previsto no Projeto, mas depois foi retirada. Não foi um descuido ou uma falha do legislador, mas expressa rejeição do Presidente da República de criar certa formalidade à união de fato.[118]

Em Portugal, também não há possibilidade de registrar em Cartório de Registro de Imóveis o contrato ora estudado, pelos mesmos motivos que impedem seja ele registrado no Brasil, quais sejam falta de previsão legal na Lei de Registro Públicos e veto do artigo 5.º, n. 1, do Projeto de Lei 384/VII do PCP.

Sobre outra óptica, a dinâmica do contrato de coabitação, ou seja, a possibilidade de celebração da convenção a qualquer momento da união, a mutabilidade a qualquer tempo é incompatível com o registro no Cartório Imobiliário.[119]

Portanto, é de se perceber, que a formalização do pacto antenupcial é muito mais solene que a do contrato de coabitação, pois, no primeiro caso, exige-se escritura pública para sua celebração[120], o que não acontece com o segundo.[121]

---

[118] CAHALI. *Contrato de Convivência.* Ob. Cit. p. 138-139. Os vetos Presidenciais, ao Projeto de Lei 1888- F, diz "amplitude que se dá ao contrato de criação da união estável importa em admitir um verdadeiro casamento de segundo grau, quando não era a intenção do legislador, que pretendia garantir determinados efeitos a *posterirori*". Íntegra do veto presidencial, vide anexo.

[119] CAHALI. *Contrato de Convivência.* Ob. Cit. p. 143. OLIVEIRA. *União Estável.* Ob. Cit. p. 159. KICH. Ob. Cit. p. 135.

[120] VENOSA. *Direito Civil. Direito de Família.* v. 6. Ob. Cit. p. 177-180. COELHO. *Curso de Direito da Família.* Ob. Cit. p. 502-504.

[121] OLIVEIRA. *União Estável.* Ob. Cit. p. 160.

CAPÍTULO III

Análise do conteúdo dos contratos de coabitação

1. Considerações gerais

Como já visto, o contrato de coabitação identifica-se como um instrumento apropriado para regulamentar as relações patrimoniais e econômicas entre os unidos de fato. Em outras palavras, é um instrumento que permite a auto-regulamentação pelos conviventes, dos efeitos econômicos provenientes da sua própria relação afetiva.[1]

Apesar de as partes terem liberdade de fixar livremente o conteúdo dos contratos, seus efeitos encontram limites na caracterização da união de fato, nos princípios e regras gerais de direito (limites da lei), dentre outros já estudados.[2]

Sendo assim, não são aptos, por exemplo, de tornar comuns bens adquiridos anteriormente à união. Por isso, não são capazes de estabelecerem regimes de bens iguais aos do casamento, visto ser juridicamente impossível o regime de comunhão total. Não prestam também para disporem sobre bens a serem recebidos por herança, haja vista ainda não estar aberta sucessão.[3]

---

[1] Cahali. *Contrato de Convivência*. Ob. Cit. p. 203. Sobre contratos que regulamentam questões puramente patrimoniais entre homossexuais, vide: Almeida. *Da União de Facto*. Ob. Cit. p. 212-213. Azevedo, Álvaro Villaça. *Estatuto da Família de Fato*. São Paulo: Atlas, 2 ed., 2002, p. 354-355.

[2] Monteiro, António Pinto. Cláusulas Limitativas do Conteúdo Contratual. *In: Estudos dedicados ao Prof. Doutor Mário Júlio de Almeida Costa*. Lisboa: UCP, 2002, p. 289. Vide: Almeida. *Da União de Facto*. Ob. Cit. p. 209-210.

[3] Cahali. *Contrato de Convivência*. Ob. Cit. p. 203-204. Vide: Gama. Ob. Cit. p. 342-344. Oliveira. *União Estável*. Ob. Cit. p. 160-161. Coelho. *Curso de Direito da Família*. Ob. Cit. p. 104.

Importante dizer, também, que o contrato de coabitação não é, por si só, capaz de transferir a propriedade dos bens entre conviventes. Para que ocorra, por exemplo, a transferência de um bem em nome de um dos conviventes para o outro, pois previsto está no contrato, necessário fazer a tradição se móvel, ou escritura pública, tratando-se de imóvel.[4]

Excetuando os casos que esbarram na lei, é permitido aos contratantes-conviventes a estipulação de qualquer cláusula para criar, modificar ou extinguir direitos e deveres, sempre respeitando a forma escrita, a moral, a lei, os preceitos fundamentais, os princípios gerais de direito, os bons costumes, as disposições imperativas, a ordem pública, em suma, não sejam contrárias ao "Direito, na amplitude e profundidade que se espera dessa ciência, e na grandeza do seu universo conceitual reclamado pela sociedade".[5]

Para fazer análise da possibilidade do conteúdo dos contratos de coabitação, necessário se faz o confronto em todas as áreas do Direito como: Constitucional, Sucessões, Público, Privado, Obrigações, Coisas, Empresarial, e não só o Direito de Família.[6]

Deste modo, não serão aceitas cláusulas que: alterem a ordem da sucessão hereditária, que objetiva o casamento civil[7], preestabeleça a guarda definitiva de filhos comuns ou regime de visitas imutável em caso de dissolução, interfira no vínculo paterno-filial[8], estabeleça prazo determinado para a união se findar (tendo se em vista o caráter perpétuo que tem as relações de família)[9], que afaste a incidência das leis próprias da união de fato, etc..[10]

É crucial deixar claro que a nulidade ou ineficácia de uma ou mais cláusulas não prejudica a validade de todo o contrato, devendo ser ignorada só a cláusula que contiver vícios.[11]

---

[4] CAHALI. *Contrato de Convivência*. Ob. Cit. p. 206.
[5] CAHALI. *Contrato de Convivência*. Ob. Cit. p. 217. Vide: VIANA. Ob. Cit. p. 50. AZEVEDO. *Estatuto da Família de Fato*. 2001. Ob. Cit. p. 315. COELHO. *Curso de Direito da Família*. Ob. Cit. p. 103.
[6] Vide: CAHALI. *Contrato de Convivência*. Ob. Cit. p. 218.
[7] Vide: ALMEIDA. *Da União de Facto*. Ob. Cit. p. 210-211.
[8] Vide: ALMEIDA. *Da União de Facto*. Ob. Cit. p. 211-212.
[9] AZEVEDO, Álvaro Villaça. A União Estável no Novo Código Civil. *In: Consulex*. Brasília: Consulex, ano VII, n.º 169, janeiro, 2004, p. 36-37. KICH. Admite ser possível estabelecer prazo certo para a duração das uniões de fato. Ob. Cit. p. 133-134. Vide: COELHO. *Curso de Direito da Família*. Ob. Cit. p. 103.
[10] CAHALI. *Contrato de Convivência*. Ob. Cit. p. 220-222. Sobre fixação de prazo certo para as uniões de fato vide: ALMEIDA. *Da União de Facto*. Ob. Cit. p. 205-206.
[11] CAHALI. *Contrato de Convivência*. Ob. Cit. p. 223.

Mas, deve-se ter em mente que será impossível prever todos os tipos de cláusulas com seus respectivos conteúdos que poderão surgir em um contrato de coabitação, tomando-se por base a fertilidade da mente humana e a constante evolução do Direito.[12]

2. Cláusulas sobre a divisão de patrimônio e direitos

É sabido que, no Brasil, salvo contrato escrito, aplica-se às relações patrimoniais entre os unidos de fato, 'no que couber', o regime da comunhão parcial de bens. Em outras palavras, o patrimônio que sobrevier ao casal, na constância da união de fato, pertencerá em partes iguais a cada um dos conviventes (50% para cada um), excetuados os bens relacionados no artigo 1659 do Código Civil Brasileiro[13].

Já em Portugal, não há previsão legal para que as uniões de fato produzam efeitos patrimoniais, ou seja, os bens pertencerão a quem conste no título aquisitivo.

Já foi dito anteriormente ser possível a celebração de contratos de coabitação prevendo a regulamentação do patrimônio do casal, de modo diverso da estipulada em lei, do melhor modo que atenda às necessidades do casal.

É certo também que, muitas vezes, em vista da posição social e intelectual de um dos conviventes, o outro renuncie sua carreira para dedicar-se exclusivamente ao apoio material e emocional ao seu par, para cuidar da prole enquanto outro exerce atividade remunerada, ou ainda, que um deles tenha conduta pautada por vícios de embriaguez, jogos e prodigalidade e outros. Há que se levar em conta, também, a união de fato formada por pessoas de diferentes classes sociais.[14]

---

[12] CAHALI. *Contrato de Convivência*. Ob. Cit. p. 209.

[13] Art. 1659 do CC Brasileiro: "Excluem-se da comunhão: I – os bens que cada cônjuge possuir ao casar, e os que lhe sobrevierem, na constância do casamento, por doação ou sucessão, e os sub-rogados em seu lugar; II – os bens adquiridos com valores exclusivamente pertencentes a um dos cônjuges em sub-rogação dos bens particulares; III – as obrigações anteriores ao casamento; IV – as obrigações provenientes de atos ilícitos, salvo reversão em proveito do casal; V – os bens de uso pessoal, os livros e instrumentos de profissão; VI – os proventos do trabalho pessoal; VII – as pensões, meio-soldos, montepios e outras rendas semelhantes".

[14] CAHALI. *Contrato de Convivência*. Ob. Cit. p. 225.

Em vista disso, seria incoerente no Brasil, não haver possibilidade de garantir participação diferenciada no patrimônio adquirido. E, em Portugal, não ser viável, que os companheiros garantam participações no patrimônio que adquiriram, do modo que melhor lhes convier.

Com base na amplitude do direito e liberdade de contratar, acima propostos, tem-se admitido na doutrina brasileira, a possibilidade de estipular em contrato de coabitação, participação no patrimônio diferente da quota de 50% para cada um, ou seja, direito de um maior que do outro.[15] E, pelos mesmos motivos, é o que também poderia ser entendido pela doutrina lusitana.

No Brasil, ainda o artigo 1725 do Código Civil de 2002, diz "salvo estipulação contrária em contrato escrito", ou seja, a própria lei já faz entender a possibilidade de fixar a quota de cada um em quinhão diferente do sugerido na norma.[16]

Nesta linha de pensamento, possibilitar a participação diferenciada para cada um dos unidos de fato sobre o patrimônio, representa, com certeza, saudável solução de problemas, como, por exemplo: afastar uniões movidas por interesses patrimoniais, dar segurança para um dos conviventes abandonar sua independência e dedicar-se exclusivamente ao outro ou aos filhos e proteger o convivente da má conduta do outro, pois assim, poderá ter garantida certa participação no patrimônio adquirido.

Exemplo de participação diferenciada no patrimônio: conviventes que, ao celebrarem contrato de coabitação, estipulam cláusula estabelecendo que de todo o patrimônio adquirido, pertencerá a quota de 20% para um e 80% para outro.[17]

---

[15] Neste sentido: GAMA. Ob. Cit. p. 341. CARVALHO. Ob. Cit. p. 30. CZAJKOWSKI. Ob. Cit. p. 121. AZEVEDO. *Estatuto da Família de Fato 2002*. Ob. Cit. p. 214, 354-355 e 449. AZEVEDO. *União Estável no Novo Código Civil*. Ob. Cit. p. 16. Vide: COELHO. *Curso de Direito da Família*. Ob. Cit. p. 102.

[16] CAHALI. *Contrato de Convivência*. Ob. Cit. p. 224. Há ainda no Brasil, Instrução Normativa da Receita Federal, n.º 15, de 6 de fevereiro de 2001, que prevê em seu artigo 4.º que: "...na propriedade em condomínio decorrente de união estável, a tributação incide sobre cinqüenta por cento do total dos rendimentos relativos aos bens possuídos em condomínio, em nome de cada convivente, salvo estipulação em contrato escrito". CAHALI. *Contrato de Convivência*. Ob. Cit. p. 227. Vide: AZEVEDO. *A União Estável no Novo Código Civil*. Ob. Cit. p. 36-37.

[17] Neste mesmo sentido. PIRES. Ob. Cit. p. 43-44. KICH. Ob. Cit. p. 116, 118 e 139--147. ANGELONI. Ob. Cit. p. 535-540.

Em matéria de direitos, também deve haver a possibilidade de se estabelecer participação diferenciada para cada um dos unidos de fato. Como, por exemplo, a participação em quotas diferentes de ativos financeiros, ações, quotas sociais e outros direitos adquiridos por qualquer dos conviventes, pois, se é possível fixar participação desigual em matéria patrimonial, também o deve ser em matéria de direitos.[18]

Só a título de ilustração, visto serem institutos diferentes, previsões dessa natureza não são estranhas ao pacto antenupcial.[19]

A titularidade, o momento de aquisição, a origem, espécies de bens ou direitos, o gênero, a classe e outros, sempre tendo como objetivo satisfazer o interesse das partes em regulamentar o patrimônio que lhes advier, podem ser usados como critério para o tratamento diferenciado dos bens adquiridos na constância da união.[20]

Exemplos de cláusulas de aquisição diferenciada de patrimônios e direitos, tendo como critério:

A) A origem: Cláusula que preveja o isolamento de tudo que tiver como fonte de recursos a atividade profissional ou empresarial exercida pela companheira, criando-se, assim, um regime de bens e direitos reservados por livre opção das partes, mesmo em contrato que preveja a comunhão dos bens adquiridos pelo outro convivente, ou seja, "o que é meu, é meu, o que é seu, é nosso".[21]

---

[18] CAHALI. *Contrato de Convivência*. Ob. Cit. p. 227-228. No mesmo sentido: KICHI. Ob. Cit. p. 115-122.

[19] CAHALI. *Contrato de Convivência*. Ob. Cit. p. 228. MONTEIRO, Washington de Barros. *Curso de Direito Civil. Direito de Família*. São Paulo: Saraiva, 33 ed., v. 2, 1996, p. 158. COELHO. *Curso de Direito da Família*. Ob. Cit. p. 483-486.

[20] CAHALI. *Contrato de Convivência*. Ob. Cit. p. 228.

[21] CAHALI. *Contrato de Convivência*. Ob. Cit. p. 229 e 231. "Também influenciou positivamente na criação desse modelo a certeza na igualdade dos quinhões dos filhos primeiros, e daqueles havidos dessa união, em sua futura herança. Na falta da companheira, previamente ao companheiro, haverá equivalência exata em favor de todos os seus filhos, no patrimônio por ela titulado, na medida em que todo o acervo transferir-se-á diretamente aos descendentes. Diferiria o resultado, pois, se viesse a prevalecer a presunção legal. Nessa hipótese o patrimônio por ela titulado, adquirido a título oneroso na constância da união da convivência, sofreria a redução da meação do companheiro antes da destinação aos herdeiros. Com a posterior abertura da sucessão do viúvo, os enteados restariam excluídos, então, daqueles bens inicialmente pertencentes à mãe, criando, sobre esse acervo específico, um desequilíbrio entre os irmãos (unilaterais)". CAHALI. *Contrato de Convivência*. Ob. Cit. p. 232.

B) Gênero e classe: Cláusula que estabeleça a incomunicabilidade de bens móveis, e a comunhão, em igual proporção, para os bens imóveis.

C) Espécie de bens: Cláusula que estipule a exclusão da comunhão de um dos conviventes, em quotas de empresa da qual o outro é proprietário, quando o contrato de coabitação prevê a comunicação do patrimônio.[22]

Importante deixar claro, que, tanto no Brasil como em Portugal, a participação diferenciada, seja no patrimônio ou em direitos, é exceção à regra, como acima aludido[23]. Sendo assim, a cláusula que especifica essa participação dever ser clara, identificando com precisão o patrimônio ou direitos que pertencerão a cada um dos conviventes, de forma a afastar qualquer tipo de dúvida na interpretação da vontade das partes, pois, diante de uma dúvida, deverá prevalecer a presunção legal.[24]

Se, em um contrato de coabitação, que, de modo geral, preveja a incomunicabilidade de todos os bens adquiridos no curso da união, houver cláusula que estipule a comunicação em partes iguais de determinado bem, mas, redigida esta de forma obscura, imprecisa e duvidosa, deve prevalecer o comando geral contido no contrato.

3. Cláusulas sobre a administração dos bens

Quanto à administração dos bens que advierem ao casal no curso da união, a lei brasileira 9278/96, em seu artigo 5.º, § 2.º, previa: "A administração do patrimônio comum dos conviventes compete a ambos, salvo estipulação em contrato escrito".

Já o novo Código Civil nada diz expressamente a respeito dessa matéria, só aduz que as relações patrimoniais entre os unidos de fato obedecerão ao regime de comunhão parcial de bens, salvo estipulação contraria em contrato escrito. Daí têm-se, que ambos os companheiros possuem poder igual na administração do patrimônio comum, salvo con-

---

[22] CAHALI. *Contrato de Convivência*. Ob. Cit. p. 229.

[23] Em Portugal, a união de fato não cria nenhum vínculo patrimonial entre os conviventes, deste modo os bens pertencem a quem conste no título aquisitivo. PITÃO. Ob. Cit. p. 171 e 174-175. No Brasil, aplica-se 'no que couber' o regime da comunhão parcial de bens.

[24] CAHALI. *Contrato de Convivência*. Ob. Cit. p. 228.

tratação em outro sentido, deixando claramente aberta a possibilidade de o contrato de coabitação tratar do assunto.

Em Portugal, não há previsão legal sobre como deve ser a administração dos bens entre os conviventes. Mas, do mesmo modo que a lei não prevê essa matéria, também não proíbe que seja ela contratada pelas partes. Inclusive, já foi prevista no Projeto de Lei n.º 384/VII, do PCP, artigo 5.º, n. 1, "podem os membros do casal... celebrar convenção de união de facto estabelecendo o regime de bens, a responsabilidade por dívidas e o regime de administração dos bens".

Diante da real viabilidade de se estipular em cláusula de contrato de coabitação, quem deve ser o responsável pela administração do patrimônio comum.[25] Cabe esclarecer, mais uma vez, que este tipo contratual não é oponível contra terceiros (*erga omnes*), nem mesmo se registrado no Cartório de Títulos e Documentos, sendo assim, a questão do tratamento sobre quem vai ser o administrador, em matéria patrimonial na união de fato, fica esvaziada. Valendo tão-somente entre os conviventes, pois, na prática, quem deve exercer o poder de administração é quem conste do título aquisitivo, visto que as relações com terceiros são pautadas na titularidade sobre o objeto transacionado.[26]

Exemplificando: se entre dois conviventes existe um contrato de coabitação estipulando que a administração dos bens comuns vai ser feita por um dos conviventes, como exemplo o homem. Nada impede que a mulher, que figura como proprietária no título aquisitivo de um determinado bem, arrende o mesmo, sem autorização do administrador, pois é ela a real proprietária perante terceiros. Caso o homem administrador não concorde com o arrendamento, não poderá reclamar com o terceiro. Somente poderá opor o contrato contra sua mulher, visto estarem estes obrigados pelo contrato, e não o terceiro.[27]

---

[25] No Brasil, na falta dessa cláusula sobre administração dos bens, valerá 'no que couber' o disposto para o regime da comunhão parcial de bens. Mas também a falta desse comando legislativo, em nada alteraria as relações com terceiros, pautando-se na titularidade do objeto transacionado.

[26] CAHALI. *Contrato de Convivência*. Ob. Cit. p. 253-254.

[27] Mesmo entendimento tem CAHALI. *Contrato de Convivência*. Ob. Cit. p. 253. AZEVEDO a respeito deste assunto em sua obra diz: "Se um dos conviventes perder a confiança depositada no outro, quanto à administração do patrimônio comum, poderá interpelá-lo, fazendo cessar o fenômeno dessa representação, pedindo prestação de contas". *Estatuto da Família de Fato*. 2002. Ob. Cit. p. 449.

Outro caso prático é quando figuram no título aquisitivo ambos os conviventes. Deste modo, quando se pretender fazer um arrendamento deste bem, devem os dois concordar, não tendo eficácia o contrato, com cláusula de administração, de outorgar poder administrativo só para um de suprir a vontade do outro.[28]

Para efetivamente ter validade nas relações com terceiros, a cláusula que estipula a administração deve ser revestida da qualidade jurídica de um mandato, baseado no ato jurídico previsto no artigo 653 e seguintes do Código Civil Brasileiro e artigo 1157.º e seguintes do Código Civil Português. Tal ato deve ser tratado quanto aos efeitos e requisitos, de forma independente de as partes viverem ou não em união de fato (mandante e mandatário).[29]

O instituto do mandato, às vezes, obriga em determinadas situações a celebração de instrumento de procuração, sendo exigida em certos casos, escritura pública, o que é muito difícil de ser inserida em um contrato de coabitação. Deste modo, a administração outorgada por contrato, sem o respectivo instrumento de procuração, deixa de ter importância.[30]

Importante lembrar que o mandato outorgado junto com o contrato de coabitação não se extingue com o fim da união de fato, como ocorre com a convenção que tem sua condição de eficácia ligada à união, necessitando para dar fim ao mandato renúncia ou revogação unilateral.

4. Da não obrigatoriedade de outorga *uxoria* ou marital.

Pela falta de previsão legal, o tipo contratual sob estudo não pode ser registrado no Cartório de Registro de Imóveis, nem a ele serem aplicadas as normas concernentes ao pacto antenupcial.

Sendo assim, nem mesmo estipulação em contrato de coabitação, prevendo que os bens imóveis adquiridos no curso da união pertencerão a ambos os conviventes em partes iguais ou diferentes, obrigará que se dê a outorga uxória ou marital, quando o titular pretender alienar, gravar de ônus real, prestar fiança, aval ou doar um bem que esteja em seu nome.

Em outras palavras, não se pode exigir por falta de previsão legal, assentimento formal do companheiro, para a alienação ou oneração de

---

[28] Neste sentido CAHALI. *Contrato de Convivência*. Ob. Cit. p. 253.
[29] CAHALI. *Contrato de Convivência*. Ob. Cit. p. 254.
[30] CAHALI. *Contrato de Convivência*. Ob. Cit. p. 254-255.

bens imóveis pertencentes ao outro, à maneira da outorga uxória ou marital.[31]

Ainda, não se pode falar que o companheirismo, convivência ou união de fato seja um estado civil, pois estados civis derivam de atos ou de fatos jurídicos que são sempre formalizados e localizados com precisão no tempo, como: divórcio, filiação, casamento ou morte de um dos cônjuges. Não se destaca deste modo, com precisão, o termo inicial de uma união de fato,[32] podendo tão-somente o convivente prejudicado opor o contrato ao outro convivente-contratante, pois, como já dito, a convenção só obriga os contratantes.

5. Cláusulas sobre outorga de usufruto e direito real de habitação ao convivente

Sempre tendo como base o que até agora tem sido defendido, a amplitude do direito que as partes possuem em contratar suas relações econômicas e patrimoniais, tem-se que um convivente pode dispor de seu patrimônio em favor do outro convivente, do mesmo modo que poderia fazê-lo em favor de terceiro, alheio à união de fato.

Seguindo essa linha de pensamento, pode-se afirmar que, tanto no Brasil como em Portugal, há possibilidade de um convivente outorgar usufruto[33] de bens móveis ou imóveis em favor do outro convivente, em contrato de coabitação,[34] desde que respeitada a lei, visto que tal ato representa mera liberalidade.[35]

---

[31] Artigo 1647 do Código Civil Brasileiro e 1682.º e 1682.º - A e B do Código Civil Português.

[32] CZAJKOWSKI. Ob. Cit. p. 161 e n. 155.

[33] Conceito de usufruto no Direito Romano "o direito do usar uma coisa pertencente a outrem e de perceber-lhe os frutos, ressalvada sua substância." Já no direito moderno pode se dizer que usufruto constitui o "direito real de fruir as utilidades e frutos de uma coisa, enquanto temporariamente destacado da propriedade". DINIZ, Maria Helena. *Curso de Direito Civil Brasileiro*. Direito das Coisas. São Paulo: Saraiva, 13 ed., v. 4, 1997, p. 346.

[34] Cfr. Art. 1440.º do Código Civil Português.

[35] PIRES. Ob. Cit. p. 61-62. CAHALI. *Contrato de Convivência*. Ob. Cit. p. 234. A Lei 8971/94, previa em seu art. 2.º, o usufruto entre os concubinos. "Art. 2.º... I – o(a) Companheiro(a) sobrevivente terá direito, enquanto não constituir nova união, ao usufruto de quarta parte dos bens do *de cujus*, se houver filhos deste ou comuns; II – o(a)

Exemplificando: Ao invés de deixar operar a presunção contida no artigo 1725 do Código Civil Brasileiro, de que se aplicará o regime da comunhão parcial de bens aos unidos de fato, poderão estipular, em contrato de coabitação, que os bens imóveis adquiridos, na constância da união, pertencerão somente a um dos conviventes, outorgando ao outro o usufruto vitalício desses bens.

Ou ainda, deixar incidir a regra de que o patrimônio adquirido na constância da união de fato, reger-se-á, no que couber, pelas normas do regime da comunhão parcial de bens, estipulando em contrato de coabitação, que os bens particulares de um dos conviventes (adquiridos anteriormente a caracterização da união de fato, por exemplo) ficarão em usufruto vitalício para o outro convivente.[36]

Não importa para qual finalidade o usufruto foi instituído, se para reduzir o princípio da presunção legal, ou se foi ato de mera liberalidade, independentemente de eventual condomínio entre os conviventes. Será sempre um direito real, necessitando para sua perfeição, forma própria e específica quando recair sobre bens imóveis. Sendo assim, torna-se imprescindível o seu registro no álbum imobiliário.

Importante trazer a lume que este usufruto instituído em contrato de coabitação não é um usufruto "resultante do direito de família, que dispensa transcrição"[37] no cartório competente, pois, mesmo sendo instituído dentro de uma união estável (relação familiar para o Direito Brasileiro, e parafamiliar para o Lusitano), não resulta de lei, é ato autônomo e convencional,

---

Companheiro(a) sobrevivente terá direito, enquanto não constituir nova união, ao usufruto da metade dos bens do *de cujus*, se não houver filhos, embora sobrevivam ascendentes". CZAJKOWSKI. Ob. Cit. p. 147. "Convém lembrar que o NOVO CÓDIGO CIVIL extingue o direito a usufruto parcial dos bens no direito sucessório, seja para cônjuges ou para companheiros. Conserva apenas o direito de habitação no imóvel que servia de residência ao casal, mas somente em favor do cônjuge sobrevivente. Não estende o mesmo direito, de elevado cunho social, ao companheiro sobrevivente, que assim é deixado inteiramente a míngua, nem mesmo podendo continuar a residir no imóvel que lhe servia de residência na união estável, quando não tenha direito à meação ou participação na herança". OLIVEIRA. *União Estável*. Ob. Cit. p. 208.

[36] "Exemplificando: sobre a residência adquirida no curso da união, defere-se o usufruto vitalício à companheira, preservada a nua-propriedade exclusiva do companheiro. Nesse caso, sobre a metade do imóvel, haverá contrato de convivência reduzindo o direito a ela previsto de condomínio; sobre a outra metade, haverá típica instituição gratuita de usufruto, por liberalidade do titular do domínio. CAHALI. *Contrato de Convivência*. Ob. Cit. p. 235.

[37] CAHALI. *Contrato de Convivência*. Ob. Cit. p. 237.

feito por vontade do proprietário do bem, objeto de usufruto, por isso, necessita ser registrado para ter validade.[38]

No mesmo diapasão, tem-se admitido a outorga de direito real de habitação[39] entre os conviventes mediante contrato de coabitação, podendo ser instituído sobre a totalidade do bem, ou parte dele, quando a outra parte já pertencer ao convivente que será agraciado.

O ato de instituição do direito real de habitação deve obedecer aos requisitos e formalidades exigidos por lei[40], podendo ser estipulado que:

A) O benefício concedido não está sujeito a termo ou condição, prevalecendo esse direito real em favor do beneficiado independentemente do fim da união.[41]
B) O direito real de habitação está sujeito à condição, como, por exemplo, o beneficiário estar "durará o direito real de habitação enquanto o beneficiáro não constituir nova união ou casamento".[42]
C) Está sujeito a termo o beneficio concedido como, por exemplo, prazo para findar quando os filhos atingirem a maioridade.

É momento de dizer que só o testamento é capaz de projetar benefício do direito real de habitação para após a morte do proprietário, não podendo, deste modo, ser prevista esta modalidade em contrato de coabitação, visto não ser o instrumento hábil para isto.

Importante frisar que este benefício, no Direito Brasileiro, poderá incidir sobre qualquer bem imóvel com destinação residencial, não ficando

---

[38] "Só quando decorrente da imposição legal, prevista no direito de família em favor da viúva, ou resultante do pátrio poder, não se exige a formalidade cartorária. Vale dizer, deve-se entender por *resultante do direito de família* o usufruto imposto por lei em determinadas situações no Direito de Família, não aquele convencionado pelo titular do bem, mesmo em favor de familiares". CAHALI. *Contrato de Convivência*. Ob. Cit. p. 237.

[39] No Brasil, o direito real de habitação, "distingue-se do usufruto, pois tem caráter mais restrito. Consiste em uso para moradia, não abrangente da percepção dos frutos, pois somente confere direito de habitar, gratuitamente, imóvel residencial alheio. Quem habita não pode alugar nem emprestar a coisa, mas somente ocupá-la com sua família". OLIVEIRA. *União Estável*. Ob. Cit. p. 209. Em Portugal, no direito real de habitação, pode o beneficiário consumir os frutos, mas não poderá "trespassar ou locar o seu direito, nem onerá-lo por qualquer modo". Cfr. Arts. 1484.º n. 1 e 1488.º, do Código Civil Lusitano.

[40] Vide arts. 1414 a 1416 do Código Civil de 2002 e 1484.º a 1490.º do Código Civil Português.

[41] CAHALI. *Contrato de Convivência*. Ob. Cit. p. 239.

[42] CAHALI. *Contrato de Convivência*. Ob. Cit. p. 239.

seu âmbito de incidência restrito àquele que foi ou é a moradia da família[43], pois trata-se de ato de disposição patrimonial voluntário, e não provindo dos comandos legislativos artigo 4.º n.º 1 e 2, da Lei 7/2001 de 11 (Portugal), e artigo 7.º, parágrafo único, da Lei 9278/96 (Brasil).[44]

Do mesmo modo que se tem aceitado em contrato de coabitação a estipulação de usufruto e direito real de habitação, deve ser aceita também a estipulação do uso, visto ser da mesma natureza dos outros dois (arts. 1412 a 1413 e 1484.º a 1490.º do Código Civil Brasileiro e Português respectivamente).

6. Cláusulas sobre a dissolução da união de fato

Sempre tendo como base a autonomia da vontade das partes sobre o destino de seu patrimônio e a liberdade de contratar, tem-se admitido, na doutrina brasileira, a possibilidade de serem previstas em contrato de coabitação, cláusulas que indicam qual o destino dos bens adquiridos na constância da relação, em caso de dissolução da união de fato.[45]

De suma importância entender que a convivência *more uxorio*, não significa, obrigatoriamente, a total vinculação ou total separação dos respectivos patrimônios entre seus titulares, visto que têm os conviventes, como qualquer pessoa, a liberdade de disporem de seus bens.[46]

---

[43] No direito Lusitano, tem-se que o direito real de habitação só pode ser instituído sobre o imóvel que era tido como moradia da família. Art. 1484.º, n. 2 do Código Civil diz: "Quando este direito se refere a casa de morada, chama-se direito de habitação".

[44] A Lei 7/2001 em seu artigo 4.º, n. 1 e 2, estabelece a possibilidade de constituição de um direito real de habitação em favor do companheiro sobrevivo, sobre a casa de morada da família, para após sua morte. PITÃO. Ob. Cit. p. 298. "A Lei 7/2001 concede ainda ao sobrevivo o direito real de habitação da casa de morada comum pelo prazo de cinco anos (arts. 3.º, al. *a)*, e 4.º, n.º 1 e 2); mas o direito tem fraca protecção, pois as disposições que o reconhecem não se aplicam se ao falecido sobrevierem descendentes com menos de um ano ou que com ele vivessem há mais de um ano e pretendam continuar a viver na casa, ou ainda, se houver disposição testamentária em contrário". COELHO. *Curso de Direito da Família*. Ob. Cit. p. 113. Já no Brasil, o novo Código Civil, não contempla mais este tipo de benefício para os unidos de fato. OLIVEIRA. *União Estável*. Ob. Cit. p. 209-210.

[45] CAHALI. *Contrato de Convivência*. Ob. Cit. p. 242. Vide: OLIVEIRA. *União Estável*. Ob. Cit. p. 160-161. ANGELONI. Ob. Cit. p. 542-545. PRIETO. Ob. Cit. p. 119-120.

[46] CAHALI. *Contrato de Convivência*. Ob. Cit. p. 242.

No Brasil, existe previsão legal que autoriza este tipo de contratação artigo 1725 do Código Civil Brasileiro[47]. Em Portugal, não há lei autorizando, mas também, como é sabido, não há lei proibindo.[48]

Inexiste, portanto, impedimento que obste contratação nesse sentido, sendo possível aos conviventes estabelecerem, em contrato de coabitação, quais os critérios que serão utilizados para a partilha do patrimônio do casal, seja em vida ou por falecimento de um dos unidos de fato, desde que respeitados os preceitos legais de ordem pública, como, por exemplo, transmissão da casa de morada da família ou do arrendamento em caso de morte de um dos membros da união (Portugal, artigo 4.º e 5.º da Lei 7/2001).[49-50]

Deve ser incentivada a celebração deste tipo de cláusula, pois, com certeza, por ela, haverá uma diminuição da área de atrito entre os companheiros quando da dissolução da união de fato, visto que o destino dos bens adquiridos durante a união já foi pré-definido em contrato que deve ser cumprido pelas partes.

Em outras palavras, sem dúvida, melhor será se as partes estipularem consensualmente como deverá ser efetuada a partilha do patrimônio adquirido no curso da união. Deste modo, quando ocorrer a dissolução da união de fato, seja por morte de um dos conviventes, ou em vida, o destino dos bens como posse e titularidade já estará convencionado.[51]

Exemplificando: Pode ser estipulado que:[52]

---

[47] OLIVEIRA. *União Estável*. Ob. Cit. p. 210. MOREIRA, José Carlos Barbosa. O Novo Código Civil e a União Estável. *In: Revista Síntese de Direito Civil e Processual Civil*. Porto Alegre: Síntese, Ano IV, n.º 21, Janeiro-Fevereiro, 2003, p. 12-13.

[48] COELHO, em sua obra diz, que em caso de extinção da união de fato, poderão ser aplicadas as normas previstas nos contratos de coabitação, se eventualmente celebrado. *Curso de Direito da Família*. Ob. Cit. p. 108-109. Cfr. arts. 5.º e 15.º do Projeto de Lei 384/VII do PCP.

[49] CAHALI. *Contrato de Convivência*. Ob. Cit. p. 242. No Canadá, também é permitido estipular em contrato de coabitação, parâmetros para a dissolução da união de fato. ALMEIDA. *Da União de Facto*. Ob. Cit. p. 208.

[50] No Brasil, com o novo Código Civil, "desaparecem os direitos sucessórios do companheiro ao usufruto sobre parte dos bens atribuídos aos descendentes e ascendentes (Lei 8971/94, art. 2.º), assim como o direito de habitação (Lei 9278/96, art. 7.º, § único). OLIVEIRA. *União Estável*. Ob. Cit. p. 106.

[51] CAHALI. *Contrato de Convivência*. Ob. Cit. p. 241. Vide: ALMEIDA. *Da União de Facto*. Ob. Cit. p. 213-214.

[52] Importante alertar, que alguns exemplos expostos, podem ir contra a Lei Portuguesa, no caso de dissolução da relação por morte, visto haver neste país legislação que outorga ao convivente sobrevivo o direito real de habitação na casa de morada comum, e transmissão do arrendamento.

A) As quotas sociais da empresa de que o convivente é sócio-gerente só pertencerão a ele, com exclusividade, sem ter qualquer direito de participação a sua companheira. Já, o imóvel residencial, com todos os móveis, eletrodomésticos e adornos que o guarnecem, serão destinados à companheira, não tendo qualquer direito de participação o convivente.[53]
B) Todos os imóveis terão como titular a companheira, sem qualquer direito do companheiro, e a totalidade dos bens móveis só ao companheiro pertencerão, excluindo totalmente a participação da companheira nesta espécie de bens.
C) Os ativos financeiros ficarão com seu respectivo titular, impedindo a interferência ou bloqueio do outro convivente na sua disponibilidade, após a dissolução da união.[54]
D) Far-se-á a divisão do patrimônio na forma da lei, mas fica reservado a propriedade dos veículos a seus respectivos titulares.
E) Os imóveis desocupados ficarão com o companheiro, e os arrendados ficarão com a companheira.

E, muitos outros tipos de cláusulas que poderão ser estipuladas, sendo impossível prever todas, visto a criatividade da mente humana.[55]

Importante trazer mais uma vez à tona que o contrato de coabitação é dinâmico, e suscetível de mutabilidade a qualquer tempo. Diante disto, pode ser alterado consensualmente a qualquer momento, possibilitando a precisa indicação dos critérios de partilha para cada bem adquirido na constância da união.[56]

Pode também ficar estipulada a partilha parcial dos bens em certo momento da união, com cláusula que autoriza a equiparação dos quinhões, caso haja desigualdade por conta da evolução patrimonial não prevista em contrato.

Exemplificando: Para um convivente ficam destinados previamente os bens imóveis, e, para o outro os móveis. Mas, quando da dissolução

---

[53] CAHALI. *Contrato de Convivência*. Ob. Cit. p. 241. Vide: KICH. Ob. Cit. p. 118-119.

[54] CAHALI. *Contrato de Convivência*. Ob. Cit. p. 241.

[55] CAHALI. *Contrato de Convivência*. Ob. Cit. p. 241. Para mais exemplos de cláusulas que prevêem a dissolução da união de fato vide: KICH. Ob. Cit. p. 140-141, 144-146 e 148--150. AZEVEDO. *Estatuto da Família de Fato*. 2002. Ob. Cit. p. 510-512. ALMEIDA. *Da União de Facto*. Ob. Cit. p. 204. n. 410.

[56] CAHALI. *Contrato de Convivência*. Ob. Cit. p. 241.

da união, faz-se a apuração dos respectivos valores, cabendo a equiparação dos quinhões, que pode ser feita pelos ativos financeiros do casal, ou passando bens pertencentes a um, para o outro, até que se igualem a quotas.[57]

No caso hipotético, acima previsto, poderá ser estipulado também em cláusula contratual, o critério usado para a avaliação do patrimônio como utilização de valor venal ou comercial, com intuito de prevenir realização de laudo pericial com essa finalidade.[58-59]

Por outro lado, pode parecer que essas cláusulas, "ocorrendo a dissolução por morte de um dos conviventes, representaria a vedada disposição em vida de sua herança. Mas não. Em vida, no exercício da capacidade civil, é facultada a disposição patrimonial em favor de terceiros, não havendo por que obstá-los quando em face do convivente,[60] respeitadas, naturalmente, as regras de preservação da legítima dos herdeiros. A seu turno, a herança limita-se aos direitos deixados pelo falecido, se por ele foi assim livremente pactuada; é o resultado da efetivação do contrato, com as obrigações e direitos daí decorrentes, que será objeto da sucessão. Ademais, na amplitude da disponibilidade patrimonial, há permissão, inclusive, da chamada 'partilha em vida', pela qual se distribui a herança na forma indicada pelo falecido".[61-62]

---

[57] Vide: CAHALI. *Contrato de Convivência*. Ob. Cit. p. 241-242.

[58] CAHALI. *Contrato de Convivência*. Ob. Cit. p. 242.

[59] "Caberia a pergunta: Esta forma não restaria prejudicada se a própria validade da cláusula restar submetida a apreciação judicial? Sem dúvida, não é uma solução milagrosa, mas revela-se apta a prevenir de forma expressiva a perspectiva do litígio. Isso porque, com base nesse contrato, não será adequado, salvo em situações excepcionais, restringir judicialmente a disponibilidade dos bens destinados a um ou a outro por convenção válida, colocando as partes em privilegiado plano no curso da demanda, diferindo, pois, das situações sem esta previsão, nas quais, sem maiores dificuldades, promove-se o arrolamento cautelar, com a constrição de todo o patrimônio no curso da ação. Repita-se, o litígio, em princípio, é restrito à apuração de diferenças a serem pagas pelo beneficiário". CAHALI. *Contrato de Convivência*. Ob. Cit. p. 243.

[60] "São válidas todas as cláusulas que, segundo as regras de direito comum, poderiam ser estipuladas por quaisquer pessoas nos seus contratos:"... COELHO. *Curso de Direito da Família*, Ob. Cit. p. 103.

[61] CAHALI. *Contrato de Convivência*. Ob. Cit. p. 243. No mesmo sentido: KICH. Ob. Cit. p. 110. SOARES. *União Estável*. Ob. Cit. p. 228. Vide: Artigos 2026.º, 2028.º e 2029.º do Código Civil Português.

[62] Partilha poderá ser "em vida, se feita pelo ascendente, por ato *inter vivos* ou *causa mortis*, podendo abranger parte ou totalidade de seus bens; se por ato *inter vivos* pai deixar a filho todos os seus bens, impor-se-á a reserva de bens suficientes, que

Com base nisso, a doutrina brasileira entende ser lícito estipular, desde que respeitados os preceitos de ordem pública (legítima), em cláusula de contrato de coabitação, a prefixação dos critérios para a partilha do patrimônio adquirido pelos conviventes, inclusive para impô-la em face de herdeiros menores, quando a dissolução se der por falecimento de um dos conviventes.[63]

Não fugindo de nossa linha de raciocínio, pode-se afirmar que, assim como contrato de coabitação e pacto antenupcial são coisas completamente diferentes, também são o casamento e união de fato.

Só a título de ilustração, é oportuno dizer que estes tipos de cláusulas são perfeitamente aceitas em uma separação judicial consensual. Também são viáveis, em acordos promovidos pelos conviventes ao término de uma união. Daí, não haver impedimento para este tipo de cláusula, tanto no Brasil como em Portugal.[64]

O Professor CAHALI, a quem temos seguido de perto, afirma ser possível a estipulação em contrato de coabitação de cláusulas indenizatórias, caso haja rompimento voluntário e sem motivos da relação, ou ainda, dissolução da união por culpa de um dos conviventes.[65]

Faz esta afirmação, com base em que a previsão de indenização pelo rompimento espontâneo e imotivado, não é um obstáculo à liberdade de as partes poderem acabar com seu relacionamento quando bem entenderem, pois continuarão a ter essa liberdade, mas deverão compensar a outra parte dos prejuízos causados se o rompimento for imotivado, ou baseado na culpa exclusiva de um dos membros da união de fato.[66]

Melhor explicando: a natureza jurídica dessa estipulação pode ser compensatória, pois visa a diminuir a decepção causada na frustração de formar uma entidade familiar ou parafamiliar, como exemplo, decepção afetiva, ou ter caráter reparatório, com intuito de reparar certos prejuízos

---

assegurem a subsistência do autor da herança... A partilha testamentária sujeita-se às seguintes regras: apenas poderá ser feita por qualquer uma das formas de testamento prevista no Código Civil..." DINIZ, Maria Helena. *Curso de Direito Civil Brasileiro*. São Paulo: Saraiva, 13 ed., v. 6, 1999, p. 316. Vide também: SOUZA, Orlando de. *Inventários e Partilhas*. São Paulo: Sugestões Literárias S/A, 6 ed., 1972, p. 191-192.

[63] CAHALI. *Contrato de Convivência*. Ob. Cit. p. 243.

[64] CAHALI. *Contrato de Convivência*. Ob. Cit. p. 243.

[65] *Contrato de Convivência*. Ob. Cit. p. 244. Neste sentido OLIVEIRA. *Direito de Família (Direito Matrimonial)*. Ob. Cit. p. 101. Sobre indenização em contratos de coabitação vide KICH. Ob. Cit. p. 108.

[66] CAHALI. *Contrato de Convivência*. Ob. Cit. p. 244. n. 23.

advindos do ingresso na união de fato, como, por exemplo, abandono da carreira profissional para dar suporte ao outro convivente, ou desvantagem financeira provinda do regime de bens adotado.[67]

O professor CAHALI afirma ainda que este tipo de estipulação em contratos de coabitação pode ser visto como uma definição de prévia partilha, pois, como resultado final, serão destinados determinados bens, ou certo valor em dinheiro a um dos conviventes.[68]

Neste diapasão, o autor diz que se pode cogitar na fixação de indenização para o caso de rompimento imotivado da união, ou por culpa exclusiva de um dos conviventes, e que pode ser substitutiva dos alimentos devidos, se o valor da indenização conseguir criar meios próprios à subsistência do convivente que a recebeu.[69]

Deixa claro ainda o autor que o valor previsto para a indenização não pode ser onerosamente excessivo, devendo ser razoável, tomando-se como base o patrimônio e o nível financeiro dos conviventes, não esquecendo também que se está no âmbito do direito de família, sob pena de tornar-se uma cláusula leonina, sujeita à nulidade, por onerar de modo excessivo uma das partes e conseqüente enriquecimento ilícito da outra.[70]

Mantendo sempre a linha de que união de fato e matrimônio são institutos diferentes, CAHALI, a título de ilustração, faz a comparação desta espécie de cláusula com as previstas para o casamento. Nos Estados Unidos da América, dois atores famosos, o casal Michael Douglas e Catherine Zeta-Jones fixaram, previamente, ao seu casamento, cláusula indenizatória pelo rompimento culposo ou imotivado.[71]

Não é este nosso entendimento, pois, assim como não cabe indenização pelo uso injustificado do divórcio, não cabe indenização pelo rompimento da união estável. Os tribunais brasileiros são unânimes em não julgar procedentes pedidos de indenizações lastreados em desmotivações amorosas. Daí, que ninguém pode exigir do outro amor eterno,

---

[67] CAHALI. *Contrato de Convivência.* Ob. Cit. p. 244.
[68] *Contrato de Convivência.* Ob. Cit. p. 245.
[69] CAHALI. *Contrato de Convivência.* Ob. Cit. p. 245.
[70] CAHALI. *Contrato de Convivência.* Ob. Cit. p. 245. Sobre este tipo de cláusulas vide: ASCENÇÃO, J. Oliveira. Cláusulas Contratuais Gerais, Cláusulas Abusivas e Boa Fé. In: *Revista da Ordem dos Advogados.* Lisboa: Abril 2000, Ano 60, p. 573-595.
[71] *Contrato de Convivência.* Ob. Cit. p. 246. Também, estipularam em seus casamentos cláusulas indenizatórias, os casais: Jaqueline Kennedy e Aristóteles Onásis, Lady Dy e o Senhor da Cornualha. KICH. Ob. Cit. p. 120. Vide: PRIETO. Ob. Cit. p. 121.

sob pena de indenização, pois, se assim o fosse, estaria interferindo no livre arbítrio de cada ser humano.[72-73]

Importante lembrar que a união de fato ocorre entre duas pessoas que se unem espontaneamente. É ato de vontade pessoal, que não deve sofrer a interferência de ninguém, seja de que forma for.[74] Por isso, entendemos que fixar indenização por rompimento imotivado da relação por uma das partes, seria contrário aos princípios adotados para a união de fato.[75]

Clarividenciando: somos contra a indenização por rompimento voluntário e imotivado da relação, explicitado pelo ilustre autor CAHALI.. Não pela dissolução da união por culpa de um dos conviventes, essa sim

---

[72] KICH. Ob. Cit. p. 120. Mesmo entendimento tem Carlos Roberto GONÇALVES e Aguiar DIAS apud STOCO. Ob. Cit. p. 788. CARVALHO, João Andrades. Ruptura da Relação Conjugal: Danos, Prejuízos e Reparações. In: Juris Síntese. n. 19, Setembro/Outubro, 1999, Compact Disc. Juris Síntese Milenium. Setembro/Outubro de 2003. "...a característica essencial da união de facto parece ser a da sua livre dissolubilidade..." PAIS. Ob. Cit. p. 695. "Assim, a cláusula em que os membros da união de facto se impusessem obrigações... que lhes proibissem romper a ligação, sancionando de um ou de outro modo a ruptura da união de facto, certamente não seriam válidas". COELHO. Curso de Direito da Família. Ob. Cit. p. 103-104. No mesmo sentido ALMEIDA. Da União de Facto. Ob. Cit. p. 217, e acórdão do STJ de 30 de maio de 1961, in Boletim do Ministério da Justiça. n.º 107. p. 557.

[73] "A ruptura imotivada e unilateral do concubinato não é, em si, um ato culposo a gerar indenização por danos morais e patrimoniais. A indenização, na dissolução arbitrária, só é cabível quando e se a ruptura causar prejuízos concretos ao concubino, prejuízos esses que devem ser cumpridamente comprovados pelo concubino prejudicado uma vez que tais danos ressarcíveis não se presumem." (TJMG – 3.º C. – Ap. 97.423/8 – Rel. Tenílson Fernandes – j. 18.06.1988 – RT 762/366) apud STOCO. Ob. Cit. p. 799.

[74] A união entre duas pessoas, em condições análogas as dos cônjuges, é uma situação de fato, onde as pessoas se unem espontaneamente, sem interferência de terceiros. Podendo do mesmo modo, romperem a relação, bastando a simples declaração de vontade de uma das partes, de não querer mais viver em união de fato com outra. PITÃO. Ob. Cit. p. 319-320. Aliás, a Lei Portuguesa 7/2001, prevê em seu artigo 8.º, as formas de dissolução da união estável: 1. Para efeito da presente lei, a união de facto dissolve-se: a) Com o falecimento de um de seus membros; b) Por vontade de um de seus membros; c) Com o casamento de um de seus membros. Grifo nosso. Entendendo-se pela alínea b), que basta um de seus membros exprimir a vontade de romper a relação afetiva, que está estará dissolvida. Não cabendo deste modo estipulação em contrato de coabitação de cláusula indenizatória, caso haja rompimento voluntário e sem motivos da relação. Importante dizer, que a lei sob estudo (7/2001), é omissa quanto a dissolução da união de fato feita de comum acordo entre os conviventes. Sobre este tema vide: PITÃO. Ob. Cit. p. 317-318.

[75] KICH. Ob. Cit. p. 120.

passível de indenização, visto haver falta de decoro de um dos conviventes para com o outro.

7. Cláusulas condicionais

Como já salientado no capítulo II, item 2, deste trabalho, é possível haver estipulação de cláusulas nos contratos de coabitação sujeitas à condição suspensiva ou resolutiva.[76]

Através deste tipo de cláusula, que tem sua eficácia subordinada a uma condição, os conviventes-contratantes, podem, da melhor forma, adequar os efeitos do contrato para melhor lhes atenderem.

Entende-se por condição suspensiva, "aquela cujo modo de atuar opera de tal forma que a eficácia do ato fica protelada até a realização do evento futuro e incerto".[77]

E por condição resolutiva, "aquela cujo modo de atuar opera de tal forma que a eficácia do ato, em vigor desde o instante do entabulamento, se resolve com a realização do evento futuro e incerto".[78]

Estas condições seguirão as regras gerais do Direito Civil para esta matéria, mas terão seus limites no próprio contrato do coabitação que estarão inseridas, respeitando sempre a caracterização da união de fato para terem validade. Tais condições são exemplos de como podem ser aplicadas as cláusulas condicionais em contratos que regulam a convivência *more uxorio*, sem a pretensão, é lógico, de se esgotar todos os casos, visto que a cada união podem ser criadas inúmeras situações condicionais que melhor atendam aos anseios dos conviventes.[79]

---

[76] CAHALI. *Contrato de Convivência*. Ob. Cit. p. 246.

[77] FRANÇA, R. Limongi. *Manual de Direito Civil*. São Paulo: Revista dos Tribunais, 2 ed. v. 1, p. 230. Apud FRANÇA, R. Limongi (coord.). *Enciclopédia Saraiva do Direito*. São Paulo: Saraiva, v.17, 1977, p. 386. Vide: PEREIRA, Caio Mário da Silva. *Instituições de Direito Civil*. Rio de Janeiro: Forense, 17 ed., v. 1, 1995, p. 360-364. ANDRADE. *Teoria da Relação Jurídica*. Ob. Cit. p. 355-391. TELLES. Ob. Cit. p. 266-267 e 270-273. Cfr. arts. 125 do Código Civil Brasileiro e 270.º do Código Civil Português.

[78] FRANÇA, R. Limongi (coord.). *Enciclopédia Saraiva de Direito*. São Paulo: Saraiva, v. 17, 1977, p. 385. Vide: DINIZ. *Código Civil Anotado*. Ob. Cit. p. 126. ANDRADE. *Teoria da Relação Jurídica*. Ob. Cit. p. 355-391. TELLES. Ob. Cit. p. 266-267 e 273. Cfr. arts. 127 do Código Civil Brasileiro e 270.º do Código Civil Português.

[79] Para mais exemplos de cláusulas condicionais vide: KICH. Ob. Cit. p. 145-146 e 149. AZEVEDO. *Estatuto da Família de Fato*. 2002. Ob. Cit. p. 510.

Pode ser estipulado que:

A) A partir desta data (data da celebração da cláusula), contados 10 anos para frente de união de fato entre A e B, não haverá comunicação dos bens adquiridos por qualquer dos membros da união. Vencido este prazo, 10 anos iniciais, automaticamente, passará a haver condomínio na quota de 50% para cada convivente, dos bens adquiridos na constância da união. Fica ainda instituído o usufruto total do imóvel residencial ao genitor que detiver a guarda dos filhos, até o mais novo completar 21 anos de idade, desde que residindo com o genitor usufrutuário.[80]

B) Até o nascimento do primeiro filho, não haverá comunicação dos bens adquiridos pelo casal, sejam eles de qualquer natureza. E, que a partir do nascimento com vida do primeiro filho, haverá a comunicação de todos os bens adquiridos pelo casal na constância da união de fato, sejam eles de qualquer natureza.

C) Entre o casal, desde a celebração do contrato de coabitação, haverá a comunicação de todos os bens móveis e imóveis adquiridos a título oneroso no curso da união, mas quando do nascimento de filho comum ao casal, a casa de morada da família passará a pertencer exclusivamente à mãe.[81]

D) Entre os unidos de fato A e B, a partir desta data (data da celebração do contrato), haverá a presunção total de condomínio na quota de 50% para cada um de todos os bens adquiridos na constância da união. Mas, se no momento da dissolução da união de fato, seja por morte de um dos conviventes, ou em vida, existir apenas um imóvel de propriedade comum, este pertencerá única e exclusivamente à companheira, sem a necessidade de ela ter que recompensar o outro convivente da parcela sobre o imóvel a ele pertencente.[82]

E) A casa de morada de propriedade de A será usada para moradia do casal A e B, mas, se dissolvida a união de fato entre eles, B deverá imediatamente desocupar a casa.[83]

---

[80] CAHALI. *Contrato de Convivência*. Ob. Cit. p. 247.
[81] CAHALI. *Contrato de Convivência*. Ob. Cit. p. 247.
[82] CAHALI. *Contrato de Convivência*. Ob. Cit. p. 247.
[83] KICH. Ob. Cit. p. 140.

8. Cláusulas sobre pensão alimentícia

Imperioso dizer que no Brasil, com o novo Código Civil, tornaram-se os alimentos entre parentes, cônjuges e conviventes, expressamente irrenunciáveis, artigo 1694 e 1707 do Código Civil Brasileiro.[84] Importante frisar que, apesar da irrenunciabilidade do direito a alimentos, pode este não ser exercido pelo seu credor, artigo 1707 do mesmo *Codex*.[85]

Além disso, o artigo 1724 do Código Civil Brasileiro determina que os conviventes obedecerão ao dever de assistência, incluindo-se aí, a assistência material, ou seja, prestação de alimentos de um para com o outro quando necessitarem.[86]

Com base nisto, pode-se afirmar que não é possível estipular em cláusula de contrato de coabitação a renúncia aos alimentos, pois, caso contrário, estaria havendo violação ao dever de assistência previsto em lei e, indo ao arrepio da irrenúnciabilidade da pensão alimentícia prevista no Código Civil.[87]

O direito a alimentos entre conviventes é indisponível, pois decorre de lei e não da vontade das partes. "É um efeito imposto pelo Estado aos partícipes da relação, a ser verificado quando do seu rompimento, se preenchidos os pressupostos de sua fixação".[88]

A inclusão desta espécie de estipulação em contrato de coabitação estaria fadada à nulidade, visto tratar-se de objeto ilícito, pois, como é sabido, as partes não podem convencionar contrariamente à imposição de norma de ordem pública (*privatorum conventio juri publico non derogato*)[89].

---

[84] Na vigência do Código Civil de 1916, só eram expressamente irrenunciáveis, os alimentos devidos em razão do *ius sanguinis*. Os alimentos devidos entre cônjuges e conviventes, eram tidos como irrenunciáveis, mas só na seara jurisprudencial.

[85] Mesmo entendimento tem os artigos 2008.º e 2009.º do Código Civil Português. Com exclusão, da previsão de alimentos entre os conviventes.

[86] AZEVEDO. *Estatuto da Família de Fato*. 2002. Ob. Cit. p. 445. Vide: artigos 25.º a 30.º do Projeto de Lei 384/VII do PCP, que dispunha sobre o dever de prestar alimentos entre unidos de fato no direito Português.

[87] OLIVEIRA. *União de Estável*. Ob. Cit. p. 104. Mesmo entendimento tem CAHALI. *Contrato de Convivência*. Ob. Cit. p. 258. CARVALHO. *RT 734*. Ob. Cit. p. 30. SOARES. *União Estável*. p. 182-183. GAMA. Ob. Cit. p. 344. PIRES. Ob. Cit. p. 67-68. ANGELONI. Ob. Cit. p. 546-549. Entendimento contrário tem AZEVEDO, que entende ser renunciável os alimentos quando estipulados em Distrato de União de Fato. *Estatuto da Família de Fato*. 2002. Ob. Cit. p. 511-513.

[88] CAHALI. *Contrato de Convivência*. Ob. Cit. p. 259.

[89] A convenção dos particulares não derroga o direito público.

Importante dizer que, mesmo se o direito à pensão alimentícia entre conviventes fosse renunciável (caso hipotético), não seria possível, do mesmo modo, estipular sua prévia renúncia em contrato de coabitação, pois o direito aos alimentos só nasce no momento da dissolução da união de fato, se preenchidos, é claro, os pressupostos para sua fixação.[90] "Daí, prematuro falar-se em estipulação contratual a respeito da pensão se sequer existe esta obrigação".[91]

Pode sim, ser convencionado, no momento da dissolução da união de fato (momento que nasce o direito a alimentos), que os conviventes não exercerão por enquanto o direito à pensão alimentícia, visto terem rendimentos próprios por exemplo. Mas, é de se salientar que o direito a alimentos não foi renunciado, simplesmente não foi exercido por ora.

No Direito Português, como já explicitado, a união de fato não gera direito a alimentos em vida dos seus membros. Mas, tem direito de exigir o convivente sobrevivo alimentos da herança do falecido, artigo 2020.°, do Código Civil Português.[92] O que também não pode ser objeto de exclusão em contrato de coabitação, pelos mesmos motivos acima expostos, ou seja, ir contra norma de ordem pública.

Oportuno dizer que tudo o que acima foi exposto em relação ao direito a alimentos, vale para o tratamento da pensão previdenciária. "Assim, não poderá ser objeto de contrato a exclusão do direito a benefício previdenciário, por exemplo, para beneficiar filhos menores (não comuns) em detrimento do convivente. Mas, sobrevindo o exercício do direito, nada impede ao seu titular deixar de exercê-lo ou mesmo renunciar junto ao órgão competente, hipótese em que a parcela correspondente reverterá automaticamente em favor dos demais beneficiários habilitados".[93]

---

[90] CAHALI. *Contrato de Convivência*. Ob. Cit. p. 261.

[91] CAHALI. *Contrato de Convivência*. Ob. Cit. p. 259. "Em outros termos, o *direito em potência* não enseja a disponibilidade pelas partes, prevalecendo, aqui, a imperatividade da norma; já o *direito em ato*, ou seja, apto a ser exercido no momento da dissolução pela aplicação da norma, permite a renúncia, por inexistir vedação legal para sua abdicação". CAHALI. *Contrato de Convivência*. Ob. Cit. p. 261.

[92] Vide: PITÃO. Ob. Cit. p. 187-188. Vide: Acórdão do Supremo Tribunal de Justiça de Portugal, de 04.02.1992. *In: Colectânea de Jurisprudência*. 1992. Tomo V. p. 89. Há entendimento, que este direito a alimentos, não é um direito sucessório, e sim, uma obrigação imposta a herança do falecido. PITÃO. Ob. Cit. p. 298. Não era assim que dispunha o Projecto de Lei 384/VII do PCP, que entendia estarem reciprocamente obrigados à prestação de alimentos, os conviventes, nos mesmos termos dos casados. Cfr. Arts. 25.° a 30.° e 34.°.

[93] CAHALI. *Contrato de Convivência*. Ob. Cit. p. 262.

Do mesmo modo, entende-se irrenunciável também o regime de acesso às prestações por morte previsto no artigo 6.º e 3.º, *e), f)* e *g)*, da Lei 7/2001 do Direito Lusitano.

9. Cláusulas sobre direitos sucessórios

Diante do exposto no Capítulo I, Tópico 3.5, deste trabalho, que, em suma, perante a lei brasileira, expõe a situação do convivente como herdeiro necessário, previsto no artigo 1790 do Código Civil Brasileiro de 2002[94], é de afirmar-se que não pode ser estipulada em contrato de coabitação e em nenhum outro tipo de documento, a modificação da ordem de vocação hereditária do convivente, devendo ser respeitado o comando legal contido na lei maior das relações de direito privado, sob pena de nulidade da cláusula, por ser contra norma pública.[95]

Ademais, deve ser levado em conta o artigo 426 do atual Código Civil Brasileiro, que aduz: "Não poder ser objeto de contrato a herança de pessoa viva", impedindo, deste modo, qualquer forma de contratação antes que seja aberta a sucessão.[96]

A única forma de mexer na quantidade de bens que o convivente sobrevivo herdará, é através de testamento, mas deve ser respeitada a legítima deste. Importante dizer que o convivente, no Direito Brasileiro, não está expressamente previsto como herdeiro necessário no artigo 1845 do Código Civil Brasileiro[97]. Mas, a doutrina vem sustentando esta posição, de que o convivente é herdeiro necessário, tendo direito à legítima.[98]

---

[94] Art. 1790: "A companheira ou companheiro participará da sucessão do outro, quanto aos bens adquiridos onerosamente na vigência da união estável, nas condições seguintes: I – se concorrer com filhos comuns, terá direito a uma cota equivalente à que por lei for atribuída ao filho; II – se concorrer com descendentes só do autor da herança, tocar-lhe-á a metade do que couber a cada um daqueles; III – se concorrer com outros parentes sucessíveis, terá direito a um terço da herança; IV – não havendo parentes sucessíveis, terá direito à totalidade da herança".
[95] CAHALI. *Contrato de Convivência*. Ob. Cit. p. 263-267. OLIVEIRA. *União Estável*. Ob. Cit. p. 158.
[96] CAHALI. *Contrato de Convivência*. Ob. Cit. p. 265.
[97] Cfr. Arts. 2157.º do Código Civil Português.
[98] OLIVEIRA. *União Estável*. Ob. Cit. p. 105 e 212. CAHALI. *Contrato de Convivência*. Ob. Cit. p. 266. NERY, Nelson N. Junior. e NERY, Rosa Maria de Andrade. *Novo Código Civil e legislação extravagante anotados*. São Paulo: RT, 2002, p. 600. Afirmam isto com base que "Se a família, base da sociedade, tem proteção especial do Estado; se a união

Em Portugal, o convivente sobrevivente não tem qualquer direito à herança do falecido em virtude de lei. Este só poderá herdar se o falecido deixar disposição testamentária a seu favor.[99]

Os únicos direitos previstos pela lei portuguesa 7/2001, em relação ao falecimento de um dos conviventes, são o direito real de habitação na casa de morada comum pelo prazo de cinco anos, transmissão do arrendamento para habitação e regime de acesso às prestações por morte de um dos conviventes (artigos 4.º, n. 1 e 2, 5.º e 6.º).[100]

Mesmo diante deste quadro, não podem ser estipuladas em contrato de coabitação, ou qualquer outro instrumento, cláusulas que afastem esses direitos, pois seriam contrárias à lei.[101]

10. Da regulamentação dos efeitos pessoais entre os conviventes

Importante deixar claro que qualquer efeito pessoal proveniente das relações familiares é, em geral, indisponível, pois está previsto de forma cogente na norma. Sendo assim, a doutrina brasileira e portuguesa[102-103],

---

estável é reconhecida como entidade familiar; se estão praticamente equiparadas as famílias matrimonializadas e as famílias que se criaram informalmente, com a convivência pública, contínua e duradoura entre homem e mulher, a discrepância entre a posição sucessória do cônjuge supérstite e a do companheiro sobrevivente, além de contrariar o sentimento e as aspirações sociais, fere e maltrata, na letra e no espírito, os fundamentos constitucionais". Vide também: VELOSO, Zeno. *Direito de Família e o Novo Código Civil*. Belo Horizonte: Del Rey. 2 ed., p. 243. *Apud* OLIVEIRA, Euclides de. *União Estável: do concubinato ao casamento: antes e depois do novo código civil*. São Paulo: Método, 6 ed., 2003, p. 214.

[99] PITÃO. Ob. Cit. p. 297-300. "...não era assim no Projecto de Lei n.º 384/VII, do PCP, em cujo artigo 22.º se considerava que, dissolvendo-se a união de facto por morte de um dos seus membros, o sobrevivo integrava a 1.ª e 2.ª classe de sucessíveis do n.º 1 do artigo 2133.º do Código Civil (Português), equiparando-o, portanto, em matéria de sucessão legítima ao cônjuge sobrevivo, excepto se o falecido tivesse descendentes de anterior casamento. Aliás, tal projecto ia mais longe considerando o companheiro sobrevivo herdeiro legitimário do falecido, sendo sua legítima calculada nos mesmos termos do cônjuge sobrevivo". PITÃO. Ob. Cit. p. 298. n. 5.

[100] PITÃO. Ob. Cit. p. 298. COELHO. *Curso de Direito da Família*. Ob. Cit. p. 112--116. Vide: Parecer da Procuradoria Geral da República. *In: Revista de Legislação e Jurisprudência*. Coimbra: Coimbra. 116.º. n. 3706-3717. Ano 1983-1984.

[101] Não seria válida em contrato de coabitação "cláusula que por morte de um dos membros da união de facto atribuísse os seus bens ao outro; como o pacto sucessório, estaria proibido por lei (art. 2028.º, n.º 2)" COELHO. *Curso de Direito da Família*. Ob. Cit. p. 104. A título de comparação vide: art. 1699.º do Código Civil Português.

[102] Em Portugal, "Não assumindo compromissos, os membros da união de facto não estão vinculados por qualquer dos deveres pessoais que o artigo 1672.º Cciv impõe aos

entendem não ser possível sua estipulação em contratos de convivência,[104] pois, como já salientado anteriormente, um dos limites da liberdade de contratar é a licitude do objeto. E, contratar sobre os efeitos pessoais da união de fato, estará indo contra um dos requisitos do negócio jurídico, a licitude do objeto.[105]

Com sapiência, diz CZAJKOWSKI: "Não poderia a lei, portanto, exigir ou facultar a parceiros de união estável (ou, o que é pior, a pessoas que ainda pretendem estabilizar tal relação) registro ou instrumentalização de direitos e deveres de ordem subjetiva dentro da convivência; e, ao mesmo tempo, facultar a tais pessoas uma substancial liberdade sobre o que contratar. Se a lei regulamentasse pormenorizadamente tais aspectos pessoais, desnecessário o contrato; se desse liberdade às partes, neste âmbito, correria o risco de chancelar absurdos.

Por estas razões, a doutrina tem considerado, em geral, como nulos os contratos entre conviventes (concubinos) quanto a estes aspectos pessoais. A ilegalidade, de resto, é visível porque tais acertos versam

---

cônjuges". "O direito não desconhece, porém, a *relação pessoal* que liga os membros da união de facto um ao outro. A Lei 135/99 terá valorizado essa relação pessoal, permitindo--lhes, nomeadamente, adoptar nos termos previstos para os cônjuges no artigo 1979.º Cciv (art. 3.º, al. *e)*), ou seja, se a relação durar há mais de quatro anos e ambos tiverem mais de 25 anos de idade, solução que a Lei n.º 7/2001 manteve quanto à união de facto de pessoas de sexo diferente. Ainda como reflexo daquela relação pessoal, podem referir-se numerosas outras disposições legais. Assim, por exemplo, quem convive ou tiver convivido em união de facto com alguma das partes na causa pode recusar-se a depor como testemunha (art. 618.º, n.º 1, al. *d)*, CprocCiv); as pessoas que vivem em união de facto há mais de dois anos e trabalhem na mesma empresa têm o direito de gozar férias no mesmo período, salvo se houver prejuízo grave para a entidade empregadora (art. 8.º, n.º 5, do Decreto--lei n.º 874/76, na redacção que lhe deu o Decreto-lei n.º 397/91, de 16 de Outubro); do mesmo modo as pessoas que vivam há mais de dois anos em união de facto têm preferência na marcação de férias em períodos coincidentes quando trabalhem no mesmo serviço ou organismo do Estado (art. 5.º, n.º 9, do Decreto-lei n.º 100/99, de 31 de Março, que contém o Regime jurídico das faltas, férias e licenças dos funcionários e agentes da Administração pública); etc.". COELHO. *Curso de Direito da Família*. Ob. Cit. p. 100-102.

[103] "Decerto que o 'contrato de coabitação' só pode regular os efeitos *patrimoniais* da união de facto, não os efeitos *pessoais*. Assim, a cláusula em que os membros da união de facto se impusessem obrigações como as previstas no art. 1672.º (p. ex., a fidelidade),... certamente não seriam válidas". COELHO. *Curso de Direito da Família*. Ob. Cit. p. 103--104.

[104] CAHALI. *Contrato de Convivência*. Ob. Cit. p. 270. ALMEIDA. *União de Facto*. Ob. Cit. p. 207, 209 e 211. OLIVEIRA. *União Estável*. Ob. Cit. p. 158. Mesmo sentido tem a doutrina Italiana e Espanhola, ANGELONI. Ob. Cit. p. 515-535. ALONSO. Ob. Cit. p. 148.

[105] CAHALI. *Contrato de Convivência*. Ob. Cit. p. 270.

quase sempre sobre o relacionamento sexual, e implicam, para um dos parceiros, renúncia sobre faculdades que são inerentes e inseparáveis da personalidade humana. Ilegalidade maior existe, ainda, quando os acordos dispõem sobre aspectos subjetivos em face dos filhos. A questão sequer merece maiores comentários"[106]

Vale ainda dizer, mesmo que houvesse a possibilidade de se convencionar sobre este âmbito em contrato de coabitação, hipoteticamente afastando a ilicitude, o contrato seria inútil, pois não é o contrato que vai tornar uma pessoa fiel à outra (no sentido sexual da palavra), carinhosa para com o outro convivente, ou ainda, dar atenção merecida aos filhos que provierem do casal. Estes são sentimentos que nascem com o tempo, porque um indivíduo gosta do outro e o quer, e não porque assinou um pedaço de papel. Cediço, que o amor entre duas pessoas precisa de muito mais para existir.[107]

Sendo assim, não bastasse a ilegalidade de se convencionar sobre efeitos pessoais em contrato de coabitação, temos também sua inutilidade, lembrando sempre que o sistema jurídico brasileiro prevê certas normas que regulamentam esta matéria (artigo 1724 do Código Civil de 2002)[108].

O mestre CAHALI entende que a cláusula do contrato de coabitação que tem seu conteúdo voltado para o âmbito dos efeitos pessoais entre os

---

[106] Ob. Cit. p. 104-105. Vide também: CAHALI. *Contrato de Convivência.* Ob. Cit. p. 272. "No mesmo sentido, a lição de LAMARTINE e MUNIZ: 'exclui-se do conteúdo contratual a regulamentação dos efeitos estritamente pessoais do concubinato. São nulas, por exemplo, as cláusulas que tenham por objeto a estipulação de um dever de fidelidade durante um certo período, a renúncia do direito de ruptura ou do direito de casar'. E ainda, citando MARTY-SCHMID: 'São nulas por imoralidade as cláusulas que no caso concreto se apresentam intoleravelmente ofensivas ao sentido ético-jurídico. Assim sucede quando estão em causa atributos inalienáveis do ser humano: por exemplo, cláusulas que abrangem sobretudo as relações sexuais entre os companheiros ou envolvem proibições de qualquer dos companheiros tê-las com outra'." CZAJKOWSKI. Ob. Cit. p. 104-105. n. 101.

[107] CZAJKOWSKI. Ob. Cit. p.105. Vide: CAHALI. *Contrato de Convivência.* Ob. Cit. p. 272. BENJÓ. *O Novo Direito de Família: Casamento, União Estável e Filiação.* Ob. Cit. p. 2076.

[108] Art. 1724 do Código Civil Brasileiro. "As relações pessoais entre os companheiros obedecerão aos deveres de <u>lealdade</u>, <u>respeito</u> e <u>assistência</u>, e de <u>guarda</u>, <u>sustento e educação</u> dos filhos". Grifo nosso. Importante deixar claro, que como já estudado anteriormente, Capítulo I, Tópico 2 deste trabalho, o vetado artigo 3.º da Lei 9278/96, íntegra vide anexo (Projeto de Lei 188-F/1991), previa a possibilidade de os conviventes, por meio de contrato escrito, regularem seus direitos e deveres, observados os preceitos da lei, as normas de ordem pública atinentes ao casamento, os bons costumes e os princípios gerias do direito. AZEVEDO. *Com a promulgação da lei 9278/96, está em vigor o estatuto dos concubinos.* Ob. Cit. p. 19.

conviventes é ineficaz, não sendo caso de nulidade ou anulabilidade. Se fosse caso de nulidade ou anulabilidade, necessitaria de pronunciamento judicial acerca de sua validade. Sendo caso de ineficácia, basta que não seja exigido seu cumprimento.[109]

O autor usa a seguinte ilustração para dar embasamento às afirmações acima tecidas: "A inelegibilidade para cargo público, prevista no art. 14, § 7.º da Constituição Federal (Brasileira)[110], representa efeito pessoal do casamento, estendido à união estável pela doutrina e jurisprudência uniformes nesse sentido. Assim, será desprovida de valor jurídico a convenção excluindo o convivente da incidência dessa restrição. Da mesma forma, de nada valerá cláusula afastando o impedimento (matrimonial) entre os conviventes, nas situações em que eles se impõem pelo sistema normativo na sua exegese".[111]

Diante dessas observações, curvamo-nos a aceitar, que as cláusulas que tratam dos efeitos pessoais entre os unidos de fato, são ineficazes, e não nulas ou anuláveis.[112]

Inútil será, também, prever em contrato de coabitação estipulação que outorgue aos conviventes usar o patronímico do outro, pois, no Brasil, só é permitida a inclusão do nome do convivente mediante processo judicial, respeitando todos os trâmites legais, o que não é previsto em Portugal.[113-114]

---

[109] CAHALI. *Contrato de Convivência*. Ob. Cit. p. 274.

[110] Art. 14, § 7.º da CF. "São inelegíveis, no território de jurisdição do titular, o cônjuge e os parentes consangüíneos ou afins, até o segundo grau por adoção, do Presidente da República, de Governador do Estado ou Território, do Distrito Federal, de Prefeito ou quem os haja substituído dentro dos seis meses anteriores ao pleito, salvo se já titular de mandato eletivo ou candidato à reeleição".

[111] CAHALI. *Contrato de Convivência*. Ob. Cit. p. 274.

[112] Semelhante entendimento tem COELHO, que diz que cláusulas que tratam dos efeitos pessoais da união de fato não são válidas. *Curso de Direito da Família*. Ob. Cit. p. 104. CARVALHO. *RT 734.*, entende ser caso de nulidade a estipulação em contrato de coabitação de cláusulas visando efeitos pessoais dos conviventes. Ob. Cit. p. 29.

[113] Cfr. Arts. 57, parágrafos 2.º a 6.º, da Lei 6515/73, Lei Brasileira de Registros Públicos. Art. 1677.º do Código Civil Português. Vide: COELHO. *Curso de Direito da Família*. Ob. Cit. p. 100. CAHALI. *Contrato de Convivência*. Ob. Cit. p. 274. AZEVEDO concorda com o exposto, mas traz casos, em que foi aceito a inclusão de patronímico de forma diferente da prevista na lei. *Estatuto da Família de Fato* 2002. Ob. Cit. p. 288-290. SOARES. *União Estável*. Ob. Cit. p. 51-52. Tem o mesmo entendimento, trazendo casos como, a inclusão do patronímico de Villa-Lobos à sua convivente. Para estudo mais profundo sobre esta matéria 'aquisição do patronímico por convivente' no direito Brasileiro vide: OLIVEIRA. *União Estável*. Ob. Cit. p. 235-239

Questão que vem à tona, quando falamos em possibilidade de regulamentação dos efeitos pessoais da união de fato em contrato de coabitação, é se poderão as partes convencionar a presunção de paternidade para os filhos nascidos no curso da união, ou ainda, com quem ficará a guarda do menor.

Definitivamente, a resposta a esta questão é não, pois, além dos argumentos já expressados, como a ilicitude e inutilidade desse tipo de convenção, o direito à paternidade e guarda é um direito indisponível dos filhos e dos pais, não podendo ser objeto de negociação em sede de contrato.[115]

Ademais, quando do nascimento de filho, necessário que o pai e a mãe (conviventes) reconheçam a paternidade perante o registro público, para que se opere a inscrição do nome dos dois na certidão de nascimento da criança. Não basta a simples oposição de contrato com esta cláusula, para suprimir a presença do pai.[116]

Pode sim ser usado o contrato de coabitação com referido conteúdo, para, em ação de paternidade, fazer prova tanto da união de fato entre os indivíduos, bem como da paternidade.[117]

Poderá, também, no caso de preexistência de filhos, a celebração do contrato, ser utilizada cláusula de reconhecimento ou presunção de paternidade, para fazer prova desta, em relação a filhos havidos fora do casamento, com base em "escritura pública ou escrito particular".[118]

---

[114] Importante registrar que tanto em Portugal, como no Brasil, a união de fato não releva para efeitos de aquisição de nacionalidade. Cfr. Em Portugal, art. 3.º da "Lei da Nacionalidade" n.º 37/81, de 3 de outubro. COELHO. *Curso de Direito da Família*. Ob. Cit. p. 100. No Brasil, arts. 112 a 114, da Lei 6815/80, de 19 de agosto "Estatuto do Estrangeiro". No Brasil, pode ser concedido visto permanente à estrangeiro independentemente do sexo que vive em união de fato com brasileiro. Instrução Administrativa do Conselho Nacional de Imigração, n.º 5 de 12 de dezembro de 2003.

[115] Vide: CAHALI. *Contrato de Convivência*. Ob. Cit. p. 275. De modo diferente entende AZEVEDO, pois, em modelo de contrato de coabitação impresso em sua obra uma das cláusulas assim dispõe: "SEXTA – obrigam-se os contraentes a reconhecer e a registrar, em seus nomes, os filhos que vierem a nascer no período de sua convivência. *Estatuto da Família de Fato 2002*. Ob. Cit. p. 509. KICH, também entende que poderá haver estipulação em contrato de coabitação em relação a prole. Ob. Cit. p. 141, 146 e 151.

[116] CAHALI. *Contrato de Convivência*. Ob. Cit. p. 275.

[117] OLIVEIRA. *União Estável*. Ob. Cit. p. 155-156 e 162-163.

[118] No Brasil, poder ser feito diretamente no Registro Civil a prova de paternidade, se a escritura pública ou escrito particular estiver arquivado em cartório. Cfr. art. 1609, II do Atual Código Civil e art. 26 do ECA. Ou ainda: "Na falta, ou defeito, do termo de nascimento, poderá provar-se a filiação por qualquer modo admissível em direito: I – quando houver começo de prova por escrito, proveniente dos pais, conjunta ou

No caso de se estipular em contrato de coabitação a conversão da união de fato em casamento, depois de determinado tempo de convivência, ou logo que cesse o impedimento de um dos conviventes, essa previsão pode ser quando muito promessa ou intenção de casamento, podendo repercutir em indenização (responsabilidade civil) caso haja seu descumprimento, visto ser impossível compelir alguém ao matrimônio.[119]

11. Da possibilidade de convenção de arbitragem nos contratos de coabitação

Merece consideração e concordância de nossa parte a exposição que CAHALI faz sobre a possibilidade de submeter o contrato de coabitação ao juízo arbitral,[120] desde que esse contrato trate exclusivamente de direitos disponíveis da união de fato, não indo deste modo ao arrepio da Lei de Arbitragem Brasileira, n.º 9307 de 1996[121], nem da Lei de Arbitragem Voluntária Portuguesa, n.º 31 de 1986,[122] seguindo, é lógico, os requisitos necessários impostos por essas legislações para a instituição contratual desse procedimento.

A possibilidade de submissão do contrato de coabitação à arbitragem, é entender que os unidos de fato poderão obter com maior celeridade e economia, não só financeira, como também emocional, a definição de litígios sem contudo ter de percorrer os tortuosos caminhos da Justiça Estadual.

Ademais, é sabido que a demora na resolução de casos que envolvem casais, e até filhos, prejudica em muito a estabilidade psíquica dessas

---

separadamente", art. 1605, I do Código Civil. Este reconhecimento deverá ser feito em procedimento judicial. Em Portugal, também faz prova em reconhecimento judicial da paternidade, escrito no qual o pretenso pai declare inequivocamente sua paternidade, art. 1871.º, n. 1, al. b). Vide: CAHALI. Contrato de Convivência. Ob. Cit. p. 276.

[119] CAHALI. Contrato de Convivência. Ob. Cit. p. 276.

[120] Contrato de Convivência. Ob. Cit. p. 248-252. No mesmo sentido ANGELONI. Ob. Cit. p. 539.

[121] Sobre arbitragem no Brasil vide: SANTOS, Paulo de Tarso. Arbitragem e Poder Judiciário. São Paulo: LTR, 2001, p. 15-90.

[122] Art. 1.º da Lei 9307/96, Lei de Arbitragem Brasileira: "As pessoas capazes de contratar poderão valer-se da arbitragem para dirimir litígios relativos a direitos patrimoniais disponíveis." Art. 1.º, n.º 1, da Lei 31/86, Lei de Arbitragem Voluntária Portuguesa: "1 – Desde que por lei especial não esteja submetido exclusivamente a tribunal judicial ou a arbitragem necessária, qualquer litígio que não respeite a direitos indisponíveis pode ser cometido pelas partes, mediante convenção de arbitragem, à decisão de árbitros." Grifo nosso. Vide também CAHALI. Contrato de Convivência. Ob. Cit. p. 251.

pessoas, em suas atividades profissionais escolares e sociais. Já no âmbito econômico, o estrago feito pela morosidade do Judiciário pode ser de grande monta. "Veja-se por exemplo, que a indisponibilidade de ativos financeiros, veículos e mesmo imóveis, no prolongado curso da ação, em decorrência de propositura de medida cautelar ou tutela antecipada visando a resguardar futura partilha, prejudica, e muito, a ambos os interessados, pela corrosão do valor no tempo."[123] Coisas como essas poderiam ser resolvidas em um curto espaço de tempo por juízo arbitral.

Além disso, se comparado com os juízes que estão cada vez mais abarrotados de serviços, os árbitros têm mais tempo para estudarem e analisarem causas dessa natureza. O árbitro se envolveria mais com a matéria do conflito em exame, aproximando-se, deste modo, dos conviventes-litigantes, tendo chances maiores de alcançar uma solução amigável para a lide.[124]

Argumentando: o contrato de coabitação para ser submetido à arbitragem tem de conter em seu conteúdo estipulações só sobre direitos disponíveis. Sendo assim, a apuração, por exemplo, se realmente existiu uma união de fato em determinado período, não pode ser objeto do juízo arbitral, tendo somente competência sobre essa questão o Poder Judiciário, visto não ser este um direito disponível como determina as Leis 9307/96 e 31/86.[125]

Sendo assim, e por todo o exposto neste trabalho, não esquecendo também de citar o permissivo do artigo 851 do Código Civil Brasileiro[126], entendemos ser possível aos unidos de fato a indicação da arbitragem como forma de solução de seus conflitos.[127]

---

[123] CAHALI. *Contrato de Convivência*. Ob. Cit. p. 250.
[124] CAHALI. *Contrato de Convivência*. Ob. Cit. p. 250.
[125] CAHALI. *Contrato de Convivência*. Ob. Cit. p. 251. "Ainda nesse aspecto, o novo Código Civil é claro, ao vedar o compromisso 'para a solução de questões de estado, de direito pessoal de família e de outras que não tenham caráter estritamente patrimonial'. Art. 852". CAHALI. *Contrato de Convivência*. Ob. Cit. p. 251.
[126] Art. 851 do Código Civil Brasileiro: "É admitido compromisso, judicial ou extrajudicial, para resolver litígios entre pessoas que podem contratar."
[127] Importante dizer que o artigo 9.º, da revogada lei 9278/96 dizia que "toda a matéria relativa à união estável é de competência do juízo da Vara de Família". Não bastando já estar revogado tal artigo, a doutrina entendia que o mesmo era inconstitucional, visto ser ele Lei Federal determinando a competência para regulamentar a organização judiciária. Quando o que determina a competência entre os órgãos judiciários estaduais (varas) são leis de organização judiciária Estadual. PEREIRA. *Direito de Família Contemporâneo*. Ob. Cit. p. 771. No mesmo sentido CAHALI. *Contrato de Convivência*. Ob. Cit. p. 251-252.

CAPÍTULO IV

Peculiaridades nos contratos de coabitação

1. Contratos de coabitação e os impedimentos matrimoniais

Mantendo a mesma linha de raciocínio exposta no Capítulo II, Tópico 2, deste trabalho, de que o contrato de coabitação não tem o condão de criar a união de fato, visto que é a união de fato condição de existência destes contratos, ou seja, se a relação não for caracterizada, não há como falar em eficácia do contrato de coabitação eventualmente celebrado entre as partes.

Melhor explicando: o contrato de coabitação, como se pode observar, é um contrato específico. Submete-se, além das regras utilizadas para os contratos em geral, a outros elementos essenciais, como, por exemplo, a necessidade de caracterização da relação como requisito essencial de eficácia do contrato celebrado entre os conviventes.[1]

Como já estudado anteriormente[2], a doutrina, a lei e jurisprudência brasileira entendem que a existência de impedimentos matrimoniais entre duas pessoas são óbices à caracterização da união de fato (artigo 1723, § 1.º, primeira parte, do Código Civil Brasileiro)[3-4]. Estes obstáculos à

---

[1] CAHALI. *Contrato de Convivência*. Ob. Cit. p. 106-107.

[2] Capítulo I, Tópico 3.2, deste trabalho.

[3] Art. 1723, § 1.º primeira parte, do Código Civil Brasileiro de 2002. "É reconhecida como entidade familiar a união estável entre o homem e a mulher, configurada na convivência pública, contínua e duradoura e estabelecida com o objetivo de constituir família. § 1.º – A união estável não se constituirá se ocorrerem os impedimentos do art. 1521;...". Sobre impedimento no direito Brasileiro vide: VENOSA. *Direito Civil. 2003*. Ob. Cit. p. 80-85.

[4] GAMA. Ob. Cit. p. 180. SOARES. *União Estável*. Ob. Cit. p. 68-69. AZEVEDO diz: "Concubinato impuro ou concubinagem, não deve merecer apoio dos órgãos públicos e, mesmo, da sociedade. Entendo, ainda, que não deve surtir efeito, a não ser ao concubino

perfeita formação da relação de fato estão elencados nos artigos 1521 do mesmo *Codex*.[5]

Firmam este entendimento, lastreados no conceito de família de que a união de fato deve ser pautada pela moralidade e dignidade, impedindo, deste modo, relações incestuosas, adulterinas e entre pessoas com vínculo de parentesco civil, natural ou afinidade, dentre outros vícios apontados na norma.[6]

Sendo tais relações empecilho para caracterização da união de fato, entende-se ser também para os contratos de coabitação, que não terão eficácia em vista de estar faltando a caracterização de sua *condicio iuris*.[7]

Importante trazer a lume que dos impedimentos matrimoniais previstos no artigo 1521 do Código Civil Brasileiro, para o inciso VI, há uma exceção, de que "no caso de a pessoa casada se achar separada de fato ou judicialmente", não ocorrerá óbice para a caracterização da união de fato (artigo 1723, § 1.º, segunda parte, do mesmo diploma legal).[8]

Ademais, o novo Código Civil Brasileiro, em seu artigo 1727, é expresso ao preceituar que "as relações não eventuais entre o homem e a mulher impedidos de casar, não se caracteriza a união de fato, mas só concubinato".[9]

Outra questão que merece apreço é se será possível a celebração de contrato de coabitação entre pessoas que possuem certos vícios para a realização do casamento. Vícios estes previstos no artigo 1550 do Código Civil Brasileiro[10], inseridos no capítulo destinado à invalidade do casamento.

---

de boa-fé, como acontece, analogamente, com o casamento putativo, e para evitar-se locupletamento ilícito". *Estatuto da Família de Fato*. 2002. Ob. Cit. p. 460. OLIVEIRA. *União Estável*. Ob. Cit. p. 82-85. Jurisprudência vide: *RT*. v. 607 de maio de 1986. Ano 75. p. 47-50, *RT*. v. 611 de setembro de 1986. Ano 75. p. 197-200.

[5] Art. 1521 do Código Civil Brasileiro. Vide também: Capítulo I, Tópico 3.2, n. 141. OLIVEIRA. *União Estável*. Ob. Cit. p. 48-51.

[6] CAHALI. *Contrato de Convivência*. Ob. Cit. p. 107-109.

[7] CAHALI. *Contrato de Convivência*. Ob. Cit. p. 110.

[8] Art. 1723, § 1.º, segunda parte: "A união estável não se constituirá se ocorrerem os impedimentos do art. 1521; não se aplicando a incidência do inciso VI no caso de a pessoa casada se achar separada de fato ou judicialmente". Grifo nosso. Vide: PRIETO. Ob. Cit. p. 123.

[9] OLIVEIRA. *União Estável*. Ob. Cit. p. 107. AZEVEDO. *Estatuto da Família de Fato*. 2002. Ob. Cit. p. 461-462.

[10] Art. 1550 do Código Civil Brasileiro. Vide: Capítulo II, Tópico 7.1, n. 92. OLIVEIRA. *União Estável*. Ob. Cit. p. 58-59. Para maiores estudos sobre os impedimentos do artigo supra citado: VENOSA. *Direito Civil*. 2003. Ob. Cit. p. 85-91.

Concordando com CAHALI, entendemos que, enquanto permanecer o vício que poderá invalidar o casamento, não haverá possibilidade de caracterizar a união de fato. Por sua vez, impossível atribuir eficácia aos contratos de coabitação realizados por essas pessoas.[11]

Superado o vício, a união de fato entre essas pessoas caracteriza-se, passando, então, as partes a se chamarem conviventes, abrindo, deste modo, possibilidade de regulamentarem a relação mediante contrato.[12]

No Direito Português, a Lei n.º 7/2001 traz expresso em seu artigo 2.º o rol dos impedimentos[13] para conceder efeitos jurídicos à união de fato, que nada mais são que os impedimentos dirimentes previstos nos artigos 1601.º e 1602.º do Código Civil Lusitano.[14-15]

Sendo assim, operando um desses impedimentos, (embora não exista nenhum tipo de proibição legal de que essas pessoas não possam se unir), a união entre pessoas impedidas pela lei não gera efeitos legais, ou seja, não se caracteriza.[16]

Deste modo, não havendo caracterização da união de fato, que é a razão da existência dos contratos de coabitação, não se pode falar em eficácia desses pactos.

---

[11] *Contratos de Convivência*. Ob. Cit. p. 111. No mesmo sentido GAMA. Ob. Cit. p. 189.

[12] "Diverge esta situação do casamento celebrado com os impedimentos (vícios) referidos, pois ele será simplesmente anulável, de tal sorte que, se não invocado o vício exclusivamente pelas pessoas indicadas na lei, e nos prazos decadenciais estabelecidos, o casamento terá sua plena eficácia, retroagindo seus efeitos à data da celebração. Esta sem dúvida, é uma vantagem do regime matrimonial" CAHALI. *Contrato de Convivência*. Ob. Cit. p. 112. Pois, o contrato de coabitação não pode abranger o tempo que os indivíduos viveram juntos sem configurar união de fato.

[13] Art. 2.º da Lei 7/2001, vide: Capítulo 1, Tópico 3.2, n. 141.

[14] Art. 1601.º do Código Civil Português: "São impedimentos dirimentes, obstando ao casamento da pessoa a quem respeitam com qualquer outra: *a)* A idade inferior a dezasseis anos; *b)* A demência notória, mesmo durante os intervalos lúcidos, e a interdição ou inabilitação por anomalia psíquica; *c)* O casamento anterior não dissolvido, católico ou civil, ainda que o respectivo assento não tenha sido lavrado no registo do estado civil". Art. 1602.º do Código Civil Português: São também dirimentes, obstando ao casamento entre si das pessoas a quem respeitam, os impedimentos seguintes: *a)* O parentesco na linha recta; *b)* O parentesco no segundo grau da linha colateral; *c)* A afinidade na linha recta; *d)* A condenação anterior de um dos nubentes, como autor ou cúmplice, por homicídio doloso, ainda que não consumado, contra o cônjuge do outro". Sobre impedimentos matrimoniais no direito Português vide: COELHO. *Curso de Direto da Família*. Ob. Cit. p. 259-276.

[15] PITÃO. Ob. Cit. p. 83 e n. 30.

[16] PITÃO. Ob. Cit. p. 83.

Apesar de a Lei n.º 7/2001 ser silente sobre este aspecto, entendemos correto não conceder efeitos jurídicos às uniões de fato quando ocorrerem entre seus membros os impedimentos impedientes preceituados no artigo 1604.º da Lei Civil Portuguesa[17], é lógico que, com as devidas adaptações. Isto afirmamos, baseado na dignidade e moralidade que deve pautar a relação de fato entre duas pessoas de sexos diferentes, que pretendem constituir uma entidade parafamiliar tutelada pela lei.

Sendo assim, não seria possível, também, atribuir eficácia a contratos de coabitação que fossem celebrados em uniões que houvesse esses impedimentos.

2. Contratos de coabitação em casos de obrigatoriedade do regime de separação de bens impostos aos cônjuges

Diante de casos em que os cônjuges são obrigados a casar no regime de separação de bens, elencados nos artigos 1641, da Lei Civil Brasileira[18],

---

[17] Art. 1604.º do Código Civil Português: "São impedimentos impedientes, além de outros designados em leis especiais: *a)* A falta de autorização dos pais ou do tutor para o casamento do nubente menor, quando não suprida pelo conservador do registo civil; *b)* O prazo internupcial; *c)* O parentesco no terceiro grau da linha colateral; *d)* O vínculo de tutela, curatela ou administração legal de bens; *e)* O vínculo de adopção restrita; *f)* A pronúncia do nubente pelo crime de homicídio doloso, ainda que não consumado, contra o cônjuge do outro, enquanto não houver despronúncia ou absolvição por decisão passada em julgado". Sobre impedimentos impedientes no direito Português vide: COELHO. *Curso de Direito da Família*. Ob. Cit. p. 276-287.

[18] Art. 1641 do Código Civil Brasileiro. "É obrigatório o regime da separação de bens no casamento: I – das pessoas que contraírem com inobservância das causas suspensivas (art. 1523) da celebração do casamento; II – da pessoa maior de 60 (sessenta) anos; III – de todos os que dependerem, para casar, de suprimento judicial". Art. 1523 do Código Civil Brasileiro. "Não devem casar: I – o viúvo ou viúva que tiver filho do cônjuge falecido, enquanto não fizer inventário dos bens do casal e der partilha aos herdeiros; II – a viúva, ou a mulher cujo casamento se desfez por ser nulo ou ter sido anulado, até 10 (dez) meses depois do começo da viuvez, ou da dissolução da sociedade conjugal; III – o divorciado, enquanto não houver sido homologada ou decidida a partilha dos bens do casal; IV – o tutor ou curador e os seus descendentes, ascendentes, irmãos, cunhados ou sobrinhos, com a pessoa tutelada ou curatelada, enquanto não cessar a tutela ou curatela, e não estiverem saldadas as respectivas contas. Parágrafo único. É permitido aos nubentes solicitar ao juiz que não lhes sejam aplicadas as causas suspensivas previstas nos incisos I, III e IV deste artigo, provando-se a inexistência de prejuízo, respectivamente, para o herdeiro, para o ex-cônjuge e para a pessoa tutelada ou curatelada; no caso do inciso II, a nubente deverá provar nascimento de filho, ou inexistência de gravidez, na fluência do prazo".

e 1720.º, do Código Civil Português[19], entendemos não ser estes casos obstáculos quanto à caracterização da união de fato.[20]

Isso afirmamos, com espeque na legislação matrimonial. Não há óbices ao matrimônio, onde há obrigatoriedade de os cônjuges contraírem no regime de separação de bens, não havendo, por igual, para a união de fato. Tais artigos prevêem aos infratores as sanções previstas na lei, ou seja, o regime imperativo da separação patrimonial.[21]

E, havendo a caracterização da união de fato, não há porque ser ineficaz a celebração de contratos de convivência para regulamentar essas relações, visto que não há norma proibindo, desde que preenchidos os requisitos gerais previstos para os contratos.

Ademais, além de não serem empecilhos à formação da união de fato, a sanção imposta aos nubentes de serem obrigados a celebrar casamento no regime de separação total de bens, não se aplica aos conviventes, por inexistência de proibição legal.[22]

---

[19] Art. 1720.º *caput* e 1. *b)*, do Código Civil Português. "Consideram-se sempre contraídos sob o regime da separação de bens: *a)* O casamento celebrado sem precedência do processo de publicações; *b)* O casamento celebrado por quem tenha completado sessenta anos de idade. 2. O disposto no número anterior não obsta a que os nubentes façam entre si doações". Importante dizer que o preceituado no art. 1699.º, n. 2, do Código Civil Português não se aplica aos unidos de fato. Sobre a imperatividade do regime de separação total de bens no Direito Português vide: COELHO. *Curso de Direito da Família*. Ob. Cit. p. 475-476 e 548. PITÃO. Ob. Cit. p. 169-172.

[20] CAHALI. *Contrato de Convivência*. Ob. Cit. p. 110. GOZZO, Débora. "O Patrimônio dos Conviventes na União Estável". *In:* WAMBIER, *Teresa Arrudas Alvim. &* LEITE, *Eduardo de Oliveira* (coord.). *Direito de Família – Aspectos Constitucionais, Civis e Processuais*. São Paulo: Revista dos Tribunais, v. 4, 1999, p. 120. *Apud* CAHALI, Francisco José. *Contratos de Convivência na União Estável*. São Paulo: Saraiva, 2002, p. 115-116.

[21] CAHALI. *Contrato de Convivência*. Ob. Cit. p. 110. COELHO. *Curso de Direito da Família*. Ob. Cit. p. 475-476.

[22] CAHALI. *Contrato de Convivência*. Ob. Cit. p. 110. Mas, há posições divergentes como a de GAMA. Ob. Cit. p. 345. Entendendo que deve ser aplicado às uniões de fato, as mesmas penalidades previstas para os nubentes, inclusive sendo impossível celebrar contrato de coabitação, tendo em vista a obrigatoriedade de haver separação de bens para os unidos de fato. Fundamenta esta afirmação, no sentido que se assim não for, haverá o aparecimento de uniões em detrimento ao casamento. O que não é pretendido pelo legislador. KICH, entende que "não pode o julgador criar norma. Deve responder com o art. 4.º da Lei de Introdução ao Código Civil...: 'Art. 4.º: Quando a lei for omissa, o juiz decidirá o caso de acordo com a analogia, os costumes e os princípios gerias de direito'." Aplicando-se assim as normas do casamento à união de fato no que houver omissão da lei específica. Ob. Cit. p. 108-109. ANGELONI. Entende que, não é possível a aplicação analógica de outras normas previstas especialmente para um instituto, como o casamento, à união de fato, devido a ausência de pressupostos legais. Ob. Cit. 501- 503.

Quanto aos conviventes maiores de sessenta anos, se são ou não, obrigados a celebrarem contrato de convivência estipulando a separação dos bens, faremos uma análise mais detalhada, visto estar expresso na lei lusitana, como na brasileira (artigos 1720.º, b), do Código Civil Português e 1641, II do Brasileiro) tal obrigatoriedade para o casamento.

Como já dito, entende-se que não deve ser aplicada essa obrigatoriedade de separação de patrimônios para a união de fato, pois não há norma legal prevendo essa sanção aos conviventes dessa idade.

Ademais, a doutrina brasileira vem criticando essa sanção, até mesmo em se tratando de casamento, visto que, aos sessenta anos de idade, ninguém se torna incapaz de gerir sua própria vida, ou seja, não é com apagar da sexagésima vela de aniversário que a pessoa vai perder o discernimento.[23]

E, na mesma linha de que, se caracterizada a união de fato por pessoas de idade avançada, salientando que isso não é obstáculo à perfeita formação de uma relação, não há porque negar eficácia a contratos de coabitação celebrados por essas pessoas.

Ainda, enfatizando que o objetivo dessa obrigatoriedade, de ter os sexagenários que casarem no regime de separação total de bens, visa à proteção do patrimônio destes. É importante lembrar que, no Brasil, salvo contrato escrito entre os conviventes, aplica-se o regime de comunhão parcial, ou seja, independentemente da idade dos unidos de fato, se não houver contrato de convivência dispondo o contrário, incidirá o regime de comunhão parcial, sendo, neste caso, o contrato entre conviventes maiores de sessenta anos, a única forma de separar o patrimônio adquirido durante a união.[24]

---

[23] CAHALI. *Contrato de Convivência*. Ob. Cit. p. 112-113. DIAS, Maria Berenice. Diz ao comentar, na "revista Veja, de 23-8-2000, p. 37, a inovação do Projeto de Código Civil neste particular (considerando a Emenda n. 251 do Senado Federal), fixando a idade de 60 anos, independente de sexo, para imposição do regime da separação obrigatória: 'Antes, as mulheres ficavam idiotas aos 50 anos. Agora, somos todos imbecis aos 60'." *Apud* CAHALI. *Contrato de Convivência*. Ob. Cit. p. 112, n. 21. Antes, no Código Civil Brasileiro de 1916, a obrigatoriedade ora em estudo, era imposta às mulheres com 50 anos e aos homens de 60 anos. O desembargador Cezar Peluso, em acórdão proferido pelo TJSP entende não estar recepcionada pela Constituição Federal, esta restrição aos sexagenários, por ser uma afronta a dignidade da pessoa humana. *In*: Ap. 007.512-4/2-00, 2.ª Câm. De Direito Privado, TJSP. j. 18-8-98. Boletim AASP n.º 2082, de 23 a 29-11-93. p. 788. No mesmo sentido OTERO, Marcelo Truzzi. A Separação Legal de Bens para os Sexagenários ou Qüinquagenárias – Uma Afronta à Dignidade da Pessoa Humana. *In: Juris Síntese. n. 51, maio, 2001*, Compact Disc. Juris Síntese Milenium, Janeiro/Fevereiro de 2004.

[24] CAHALI. *Contrato de Convivência*. Ob. Cit. p. 117.

Isso não ocorre em Portugal, pois a união de fato no Direito Lusitano não cria nenhum direito patrimonial entre os conviventes[25], mas serve o mesmo, como eficaz meio de auto-regulamentação da união pelos próprios conviventes.

Importante dizer ainda que, pela lei civil, os maiores de sessenta anos podem contratar por si sós, pois são considerados plenamente capazes, não existindo nenhuma norma brasileira nem portuguesa preceituando que são incapazes de contratar, não encontrando, portanto, nenhuma restrição quanto à celebração dos contratos de convivência na esfera civil.

Não é demais dizer, mais uma vez, que união de fato e casamento são institutos completamente diferentes, não sendo cabível aplicar normas estipuladas para um instituto ao outro. Desta forma, descabida a aplicação da obrigatoriedade de regime de separação de bens estipulada para os cônjuges, na união de fato.[26]

Se o legislador quisesse que operasse essa separação obrigatória de patrimônio para os unidos de fato, sexagenários, teria previsto essa obrigatoriedade em texto legal.

Mas, devemos ter em mente que, do mesmo modo como não é obrigatório aos unidos de fato a separação do patrimônio, não será possível a eles invocarem essa proteção, caso um dos conviventes venha a ser prejudicado patrimonialmente pelo outro, como, por exemplo, "o inadequado comportamento do parceiro que a ele se tenha unido exclusivamente por interesses materiais".[27]

---

[25] Importante dizer mais uma vez, que os Tribunais Portugueses já vêm contornando essa lacuna legislativa, pela aplicação do princípio geral do enriquecimento sem causa. Vide: Acórdão da Relação de Lisboa, de 21.01.1999. *Colectânea de Jurisprudência.* Tomo I, Ano XXIV. 1999. p. 83-85. Acórdão do Supremo Tribunal de Justiça. *Boletim do Ministério da Ivstiça.* n. 451. Dezembro. 1995 p. 387-394.

[26] No mesmo sentido: CAHALI. *Contrato de Convivência.* Ob. Cit. p. 120-121. CAMBI, diz: "O regime de bens da união estável não se confunde com o regime da comunhão parcial de bens do casamento". CAMBI, Eduardo. Premissas Teóricas das Uniões Extramatrimoniais no Contexto da Tendência da Personificação do Direito de Família. *In:* WAMBIER, Teresa Arruda Alvim, e LEITE, Eduardo de Oliveira. *Direito de Família – Aspectos Constitucionais, Civis e Processuais,* São Paulo: Revista dos Tribunais, v. 4, 1999, p. 160. PESSOA. Diz: "o legislador não pretendeu criar para as uniões estáveis um regime jurídico idêntico ao existente no casamento; se o quisesse seria suficiente estabelecer a remissão expressa às normas do art. 269 e ss. do Código Civil". Ob. Cit. p. 118. Esses artigos citados são dos Código Civil Brasileiro de 1916.

[27] CAHALI. *Contrato de Convivência.* Ob. Cit. p. 121.

Deste modo, pode-se dizer que a não obrigatoriedade ora em estudo, para os unidos de fato não representa um privilégio em detrimento ao casamento, de modo a estipular maior ocorrência de uniões, pois, como dito, os conviventes estarão desprotegidos, se um deles pretender abusar do outro, e se não houver entre eles contrato regulamentando a relação.[28]

E, mais uma vez enfatizando: os contratos de coabitação são a melhor forma de os conviventes se protegerem, auto-regulamentando sua relação, com a separação ou comunhão, seja ela total ou parcial, do patrimônio adquirido durante a convivência.

3. Contratos de convivência perante terceiros

Como temos defendido ao longo deste trabalho, a união informal entre duas pessoas tem sua origem factual, não representando um estado civil, um negócio ou ato jurídico. Sendo assim, não são oponíveis contra terceiros.[29]

Desta forma, terceiros não são obrigados a aceitar a situação de união de fato afirmada pelo casal. E, qualquer controvérsia no que toca a existência ou não da relação entre estes e os conviventes, deve ser levada ao Judiciário para ser dirimida.[30]

---

[28] Vide: CAHALI. *Contrato de Convivência*. Ob. Cit. p. 122.
[29] CAHALI. *Contrato de Convivência*. Ob. Cit. p. 186. No mesmo sentido: PESSOA. Ob. Cit. p. 209. OLIVEIRA. *União Estável*. Ob. Cit. p. 161-162. ALONSO. Ob. Cit. p. 149 e 155. AZEVEDO. *União Estável no Novo Código Civil*. Ob. Cit. p. 16. Pensamento oposto tem SOARES, pois, afirma que devem ser aplicadas à união de fato, as mesmas regras do casamento. *União Estável*. Ob. Cit. p. 93.
[30] CAHALI. *Contrato de Convivência*. Ob. Cit. p. 186. COELHO, entende diferente no que toca a dívidas, podendo a nosso ver, ser aplicado para os contratos de coabitação: "Os membros da união de facto vivem em comunhão de leito, mesa e habitação, *como se fossem casados*, o que cria uma aparência de vida matrimonial, que pode suscitar a confiança de terceiros que contratem com os membros da relação ou com um deles. Parece assim razoável estender à união de facto o art. 1691.º, al. *b)*, Cciv, entendendo que os sujeitos da relação são solidariamente responsáveis (art. 1695.º, n. 1) pelas dívidas contraídas por qualquer deles para ocorrer aos encargos normais da vida em comum". "Também assim, com base na 'teoria da aparência', CARBONIER....segundo o qual a jurisprudência francesa segue a orientação do texto; BOULANGER, porém, diz que os tribunais se dividem sobre a questão..." *Curso de Direito da Família*. Ob. Cit. p. 106 e n. 70. Sobre a teoria da aparência vide: SOARES. *União Estável*. Ob. Cit. p. 66-68.

Se não provada devidamente, até o Fisco (Estado como terceiro), pode recusar a indicação de um membro da união de fato como dependente na declaração de Imposto de Renda, visto que ninguém é obrigado a aceitar de forma passiva a afirmação dos conviventes de que formam uma união *more uxorio*.

Importante clarificar que a união de fato, mesmo regulamentada por contrato de coabitação, registrado no Cartório de Títulos e Documentos, não é oponível *erga omnes*, podendo tal situação ser questionada a qualquer momento, pois o contrato não faz prova da união de fato perante terceiros, só entre os conviventes, divergindo neste aspecto, e muito, do matrimônio civil, o qual pode ser provado de plano e com efeito *erga omnes*, pela apresentação da certidão de casamento.[31]

"Veja-se, por exemplo, que, em embargos de terceiros oferecidos pela mulher casada na defesa da meação, apresentada a certidão, o estado civil não pode ser impugnado pelo embargado, limitando-se a controvérsia às demais questões inerentes a esse expediente jurídico. De sua parte, em situação parelha, exercida pela concubina, mesmo oferecido eventual contrato levado ao Cartório de Títulos e Documentos, ou mesmo escritura de declaração, o embargado ainda pode questionar a veracidade daquela alegada situação jurídica, além de uma série de outras questões".[32]

Um dos motivos das afirmações, acima tecidas, de que o contrato não faz prova *iuris et de iure* da união de fato perante terceiros, é baseado que o contrato de coabitação não tem o condão de criar a união de fato.[33]

---

[31] "No contexto apresentado, a união estável diverge substancialmente do matrimônio, em que as núpcias impõe-se à terceiros, na amplitude da eficácia *erga omnes* do registro civil, de modo a ser vedada a recusa ao estado civil indicado, bastando, para a produção de seus efeitos, a mera apresentação da respectiva certidão". Aliás, mesmo se em conflito o registro com a realidade, quando os cônjuges encontram-se separados de fato, prevalece, em princípio, o matrimônio, de tal sorte que, por exemplo, para efeito de declaração de imposto de renda, por determinação expressa da Receita Federal, as informações devem ser apresentadas como contribuinte casado, ignorando completamente, para esse efeito, a situação de fato". CAHALI. *Contrato de Convivência*. Ob. Cit. p. 189 e n. 6. Ainda CAHALI: "...fácil é pressupor nossa orientação no sentido de que esse pacto em nada, absolutamente em nada, altera a relação dos conviventes com terceiros, no sentido de criar uma situação jurídica apta a ter repercussão *erga omnes*, ou impositiva da realidade nele retratada". *Contrato de Convivência*. Ob. Cit. p. 190. No mesmo sentido: VELOSO. *União Estável*. Ob. Cit. p. 86.

[32] CAHALI. *Contrato de Convivência*. Ob. Cit. p. 189. Vide: artigo 38.º e 39.º do Projeto de Lei 384/VII do PCP.

[33] "Mas para o Direito, ficam abertas as portas aos terceiros para recusarem as provas apresentadas pelas partes, a eles não se impondo a existência de união estável,

Em outras palavras, pode existir contrato de coabitação sem haver caracterização da relação.

Nada impede que duas pessoas plenamente capazes firmem contrato de coabitação, e por vários motivos não constituam uma união de fato. Se tal contrato fosse eficaz, e oponível perante terceiros, poderiam ser utilizados para fraude, como por exemplo, um indivíduo solteiro que vende um imóvel a um terceiro, recebendo o dinheiro do pagamento, opõe o contrato perante o comprador dizendo que a venda é nula, visto sua companheira não ter dado a *outorga uxoria*, sendo previsto no pacto, que metade dos bens pertence a ela.

Em outras palavras, o contrato de coabitação é o instrumento particular pelo qual se cria, modifica, extingue e reconhece direitos, mas somente entre os conviventes-contratantes, tendo sua eficácia condicionada a caracterização de sua condição de existência, a união de fato.[34]

CAHALI sintetiza: "Prestigiada a subsistência do concubinato enquanto união livre, desvinculada de dogmas, regramentos, protocolos, solenidades, registros etc., não obstante preservados seus efeitos, e impostas certas obrigações e direitos recíprocos, não se pode querer, sob o outro enfoque, a sua repercussão como ato jurídico acobertado pela publicidade e eficácia *erga omnes* das situações extremamente formais. Caso assim não fosse, restariam comprometidas as próprias relações sociais, o que representaria um desastre em toda a nossa estrutura jurídica".[35]

O fato de não poder atribuir eficácia *erga omnes* às uniões informais, mesmo as que são regidas por contratos de coabitação, dá-se por falta de previsão legal, tanto no ordenamento jurídico brasileiro como no português, prevalecendo, deste modo, a situação individual de cada um dos membros da relação, como por exemplo: Se forem solteiros os conviventes, mesmo que a união já dure algum tempo e haja contrato entre eles, esse deve ser

---

como se faz com o matrimônio pela simples apresentação do registro." "Mas é uma prova *iuris tantum*, admitindo, por qualquer meio, a demonstração contrária à situação de fato nela retratada". CAHALI. *Contrato de Convivência*. Ob. Cit. p. 190-191.

[34] CAHALI. *Contrato de Convivência*. Ob. Cit. p. 191.

[35] CAHALI. *Contrato de Convivência*. Ob. Cit. p. 191. "Assim, para a convivência harmônica entre o fato jurídico, ainda que pactuado entre os interessados, e as estabilidades das relações sociais, não se pode pretender impor aos terceiros uma situação de origem fática, obstando que venham eles a se opor à circunstância apresentada, permitindo, pois, a pesquisa da efetiva ocorrência da afirmada união estável". CAHALI. *Contrato de Convivência*. Ob. Cit. p. 191.

o estado civil de ambos. Se, no título aquisitivo, constar apenas um dos conviventes, mesmo havendo contrato dispondo de modo diferente, para terceiros, é esse o real proprietário do bem, pois nem união de fato, nem o contrato de coabitação são meios aptos a modificar essas situações.[36]

"Assim, se registrada na matrícula a propriedade exclusiva do convivente-vendedor, independentemente de pesquisas ou investigações a respeito da situação pessoal do alienante, o terceiro não está em risco pela eventual alegação de defeito no ato jurídico pela companheira do vendedor que se apresenta como 'condômina' do imóvel".[37]

E, por não haver estipulação em lei, os contratos de coabitação só são oponíveis entre conviventes, não atingindo terceiros, ou seja, no caso acima descrito, se um convivente que figura sozinho no título aquisitivo de um bem imóvel, aliená-lo, e, havendo contrato de coabitação estipulando que esse bem pertence a ambos os conviventes, o prejudicado, só poderá opor o contrato perante o outro convivente (requerendo indenização), nunca perante terceiros.[38]

Daí, não ter que se cogitar em aferir a boa-fé em relação a terceiros, visto que nunca haverá a possibilidade de se caracterizar a má-fé, pois a situação de unido de fato, mesmo regulamentada por contrato não tem o condão de viciar qualquer ato praticado pelo titular do bem, levando-se em conta que nem a união de fato, nem o contrato de convivência por si sós têm força para transferir a propriedade.[39]

Mas, com certeza, para evitar maiores transtornos no futuro, é prudente quando da celebração de negócios jurídicos com pessoas que vivem em união de fato, solicitar a anuência do outro convivente. E,

---

[36] CAHALI. *Contrato de Convivência*. Ob. Cit. p. 193-194.

[37] CAHALI. *Contrato de Convivência*. Ob. Cit. p. 194. "Isto porquê o registro contém em si um elemento que não pode nunca ser desprezado – A PUBLICIDADE. Daí a denominação doutrinária e legal: Registros públicos. A publicidade, pois, constitui elemento primordial, uma vez que, além de dar conhecimento das situações jurídicas, previne outras que se refletem nos interesses de terceiros". CAMPOS, Antônio Macedo de. *Comentários à Lei de Registros Públicos*. Bauru: Jalovi, 2 ed.. v. 1, 1981. p. 31.

[38] Importante dizer, que mesmo as convenções antenupciais só produzem efeitos perante terceiros, se devidamente registradas. Art. 1711.°, do Código Civil Português e art. 1657 do Código Civil Brasileiro. E mais, o artigo 1725 do Código Civil Brasileiro, que estipula a presunção do regime da comunhão parcial de bens, na falta de contrato escrito entre os conviventes, visa regulamentar a relação entre os unidos de fato, e não as relações destes com terceiros. Vide CZAJOKOWISKI. Ob. Cit. p. 123.

[39] Neste sentido CAHALI. *Contrato de Convivência*. Ob. Cit. p. 198-199.

investigar se entre eles não há demanda judicial discutindo direitos dos conviventes sobre o bem objeto da transação, pois, como qualquer outra situação, se pendente ação sobre um bem, o negócio jurídico pode ser anulado. Mas, nesse caso, a causa da anulação não é a união de fato, mas a litispendência instaurada sobre o bem.[40]

---

[40] CAHALI. *Contrato de Convivência.* Ob. Cit. p. 199. "Não obstante esse posicionamento, em negociações feitas com pessoas cuja aparência jurídica pode ensejar suspeita de viver em união estável, para evitar ou minimizar problemas judiciais futuros, inclusive eventualmente discutindo a boa-fé do adquirente, mostra-se com extrema pertinência solicitar do contratante a manifestação 'respondendo civil e criminalmente pela declaração' de que não vive ou viveu em união estável, sendo o imóvel de sua exclusiva propriedade, sem a participação direta ou indireta de companheiro(a), parceiro(a) ou sócio(a) de fato, fazendo constar essa menção de forma expressa na escritura de venda e compra". CAHALI. *Contrato de Convivência.* Ob. Cit. p. 201. O artigo 5.º do Projeto de Lei 2686/1996 da Câmara dos Deputados previa: "Nos instrumentos que vierem a firmar com terceiros, os companheiros deverão mencionar a existência da união estável e a titularidade do bem objeto de negociação. Não o fazendo, ou sendo falsas as declarações, serão preservados os interesses dos terceiros de boa-fé, resolvendo-se os eventuais prejuízos em perdas e danos, entre os companheiros, e aplicadas as sanções penais cabíveis". Vide AZEVEDO. *Estatuto da Família de Fato. 2002.* Ob. Cit. p. 377-379. Vide CAHALI. *Contrato de Convivência.* Ob. Cit. p. 145.

CONCLUSÃO

É sabido que existem hoje, muitos casais vivendo em união de fato, e isto é um fato social. Sendo um fato social, o direito não pode virar as costas para ele, devendo sim tentar regulamentá-lo, mas não a ponto de interferir demais nas relações entre essas pessoas que buscaram outra forma (forma alternativa) de vida a dois, justamente por ser uma forma não regulamentada pelo Estado, respeitando deste modo, o direito dessas pessoas se unirem livremente.

Por isso, entendemos que a melhor forma de o direito regulamentar a união de fato (hoje), é reconhecer o uso dos contratos de coabitação. Pois, são eles, os instrumentos capazes, para que os próprios membros da união auto-regulamentem os reflexos dessa relação. Elevando-se aí, o princípio da autonomia da vontade das partes.

Ou seja, é um modo de se ter uma regulamentação da relação prolongada de vida em comum (união de fato), sem haver uma grande interferência do Estado nessas relações, respeitando assim, o direito de as pessoas terem um relacionamento mais sério, sem uma grande intervenção estatal. Visto que a intervenção estatal na união de fato, levaria a sua destruição, pois, união de fato é união livre, não podendo ser totalmente regulamentada pelo Estado.

Então com o uso dos contratos de coabitação, seriam atingidos dois pontos fundamentais: 1.º) o direito das pessoas se unirem sem uma demasiada intervenção do Estado (direito das pessoas se unirem livremente), por isso que buscaram esse caminho e não o casamento que é um instituto altamente regulamentado, e 2.º) o direito dessas mesmas pessoas auto-regulamentarem os reflexos dessa união, do modo que melhor lhes aprouverem.

Portanto, fica claro que os contratos de coabitação são eficazes para os conviventes auto-regulamentarem suas uniões, para amoldarem a relação da melhor maneira que lhes convier, prevenindo deste modo inúmeros litígios, e, evitando, assim, uma maior interferência do Estado em matéria de união de fato.

O contrato de coabitação, como ficou demonstrado, já vem sendo previsto na legislação brasileira desde algum tempo, sendo matéria sedimentada na doutrina e na jurisprudência como a melhor forma de prevenir problemas entre unidos de fato.

Demonstrado ficou também que, em Portugal, hoje, não há previsão expressa em norma legal que autorize esse tipo de contratação entre os conviventes, mas também, não é ato proibido, ou defeso em lei.

E, no Direito Civil, o que não é proibido é permitido, desde que não afronte o "Direito, na amplitude e profundidade que se espera dessa ciência, e na grandeza do seu universo conceitual reclamado pela sociedade"[1].

Entendemos assim que os contratos de coabitação são viáveis de serem utilizados no ordenamento jurídico Português, tendo em vista que não vão ao arrepio desse sistema legal, outorgando, assim, aos indivíduos, maior liberdade de escolherem o melhor modo de vida a dois, utilizando--se, deste modo, a autonomia da vontade para regulamentação de suas relações.

---

[1] CAHALI. *Contrato de Convivência*. Ob. Cit. p. 217.

BIBLIOGRAFIA

ACQUAVIVA, Marcus Cláudio. *Dicionário Jurídico Brasileiro*. São Paulo: Jurídica Brasileira, 1993.

ALARCÃO, Rui. *Direito das obrigações*. Coimbra: Policopiado, 1983.

ALBUQUERQUE, Pedro de. Autonomia da Vontade e Negócio Jurídico em Direito de Família. *In: Caderno de Ciência e Técnica Fiscal*. Lisboa: Centro de Estudos Fiscais, 1986.

ALMEIDA, Carlos Ferreira de. Interpretação do Contrato. *In: O Direito*. Lisboa: Ano 124. IV (outubro-dezembro), 1992.
____. *Contratos I*. Coimbra: Almedina, 2 ed., 2003.

ALMEIDA, Geraldo da Cruz. *Da União de Facto convivência more uxorio em direito internacional privado*. Lisboa: Pedro Ferreira, 1999.

ALONSO, Eduardo Estrada. *Las Uniones Extramatrimoniales en el Derecho Civil Español*. Madri: Civitas, 1986.

ALVIM, Tereza Arruda A. Wenbier. Reflexões sobre alguns aspectos do processo de família. *In:* PEREIRA, Rodrigo da Cunha (coord.). *Direito de Família Contemporâneo*. Belo Horizonte: Del Rey, 1997.

AMARAL, Francisco dos Santos A. Neto. Negócio Jurídico I. *In:* FRANÇA, R. Limongi (coord.). *Enciclopédia Saraiva do Direito* São Paulo: Saraiva, v. 54, 1977.

AMARAL, José Amir do. Concubinato. Alimentos. Sucessão. Partilha de bens. *In: AJURIS* 65/152). *Apud* CAHALI, Francisco José. *Contrato de Convivência na União Estável*. São Paulo: Saraiva, 2002.

ANDRADE, Fábio Siebeneichler de. A Reparação de Danos Morais por Dissolução do Vínculo Conjugal e por violação dos Deveres entre Cônjuges. *In: Estudos dedicados ao Prof. Doutor Mário Júlio de Almeida Costa*. Lisboa: UCP, 2002.

ANDRADE, Manuel A. Domingues. *Teoria Geral da Relação Jurídica.* Coimbra: Almedina, v. II, 1998.

ANGELONI, Franco. Autonomia privata e potere di disposizione nei rapporti familiari. *In: Le monografie di Contratto e impresa.* Padova: CEDAM, v. 45, 1997.

ASCENÇÃO, J. Oliveira. Cláusulas Contratuais Gerais, Cláusulas Abusivas e Boa Fé. *In: Revista da Ordem dos Advogados.* Lisboa: Abril 2000, Ano 60.

AZEVEDO, Álvaro Villaça. *In:* FRANÇA, R. Limongi (coord.). *Enciclopédia Saraiva do Direito.* São Paulo: Saraiva, v. 36, 1977.

____. Com a promulgação da lei 9278/96, está em vigor o estatuto dos concubinos. *In: RLD.* São Paulo: Jurídica Brasileira, maio/junho, ano II, n.º 11, 1996.

____. *Estatuto da Família de Fato.* São Paulo: Jurídica Brasileira, 2001.

____. Álvaro Villaça. *Estatuto da Família de Fato.* São Paulo: Atlas, 2 ed., 2002.

____. União Estável no Novo Código Civil. *In: RLD.* São Paulo: Jurídica Brasileira, outubro/dezembro, ano IX, n.º 49, 2003.

____. A União Estável no Novo Código Civil. *In: Consulex.* Brasília: Consulex, ano VII, n.º 169, janeiro, 2004.

BAHEMA, Marcos. *Alimentos e União Estável a luz da nova lei civil.* Leme: JH Mizuno, 4 ed., 2003.

BARDAJÍ, María Dolores Díaz-Ambrona. e GIL, Francisco Hernández. *Lecciones de Derecho de Família.* Madrid: ECERA, 1999.

BARNI, Gian Luigi. *In: Un contrato de concubinato in Corsiga nel XII secolo, RSDI,* anno XXII, 1949, v XXII.. *apud* ALMEIDA, Geraldo da Cruz. *Da União de Facto convivência more uxorio em direito internacional privado.* Lisboa: Pedro Ferreira, 1999.

BARROS, Flávio Augusto Monteiro de. *Direito de Família.* São Paulo: CPC, 2003.

BASTOS, Jacinto Fernandes Rodrigues. *Código Civil Português Anotado e Actualizado.* Coimbra: Almedina, 14 ed., 2003.

BENJÓ, Simão Isaac. União Estável e seus efeitos econômicos em face da Constituição Federal. *In: RBDC.* Rio de Janeiro: Ano 7, n. 11, 2.º semestre, 1991.

____. O novo Direito de Família: Casamento, União Estável e Filiação. *In: RBDC*. Rio de Janeiro: n. 17, 2.º semestre, 1999.

BEVILÁQUA, Clovis. *Direito de Família*. São Paulo: Editora Rio, edição histórica, 1976.

BITTAR, Carlos Alberto B. Filho. A União Estável no Novo Código Civil. *In: IOB*, n.º 17, v. III, ementa 20612, 2003.

BITTENCOURT, Edgard de Moura. *Família*. São Paulo: EUD, 2 ed., 1977.
____. *Concubinato*. São Paulo: EUD, 2 ed., 1980.

BOULANGER, François. Aspects internes et internationaux. *In: Droit Civil de la Famille*. Paris, tome I, 1990.

BRITO, Náglia Maria Sales. "Contrato de Convivência": Uma Decisão Inteligente. *In: RBDF*. Porto Alegre: Síntese/IBDFAM, n.º 8, 2001.

BRUNET, Karina Schuch. União Homossexual. *In: Revista Jurídica*. Porto Alegre: Notadez, v. 281, Março, 2001.

CAHALI, Francisco José. *União Estável e Alimentos entre companheiros*. São Paulo: Saraiva, 1996.
____. *Contrato de Convivência na União Estável*. São Paulo: Saraiva, 2002.
Saraiva de Direito. São Paulo: Saraiva, v. 24, 1977.
____. (org.). *Código Civil, Código de Processo Civil, Constituição Federal*. São Paulo: RT, 5.ª ed., 2003.

CAMBI, Eduardo. Premissas Teóricas das Uniões Extramatrimoniais no Contexto da Tendência da Personificação do Direito de Família. *In: WAMBIER, Teresa Arruda Alvim, e LEITE, Eduardo de Oliveira. Direito de Família – Aspectos Constitucionais, Civis e Processuais*, São Paulo: Revista dos Tribunais, v. 4, 1999.

CAMPOS, Antônio Macedo de. *Comentários à Lei de Registros Públicos*. Bauru: Jalovi, 2 ed., v. 1, 1981.

CAMPOS. Diogo Leite de. O Novo Direito Sucessório Português. *In: Revista de Direito Comparado Luso-Brasileiro*. Rio de Janeiro: Forense, 1984.
____. A Invenção do Direito Matrimonial. *In: Boletim da Faculdade de Direito da Universidade de Coimbra*: Coimbra: v. LXII, 1986.

____. Lições de Direitos da Personalidade. *In:* Separata do v. LXVIII do BFDUC. Coimbra: 2.ª ed., 1992.

____. O Cidadão-Absoluto e o Estado, o Direito e a Democracia. *In: Revista da Ordem dos Advogados.* Lisboa: Abril, ano 53, 1993.

____. *Lições de Direito de Família e das Sucessões.* Coimbra: Almedina, 2 ed.,1997.

CANOTILHO, J. J. Gomes. e MOREIRA, Vital. *Constituição da República Portuguesa anotada.* Coimbra: Coimbra Editora, 3.ª ed., 1993.

CANOTILHO. J. J. Gomes. *Direito Constitucional e Teoria da Constituição.* Coimbra: Almedina, 3 ed., 1999.

CARBONIER, Jean. *Droit Civil, La Famille, Les incapacités.* Paris: P.U.F., Tomo. 2, 1999. *Apud* COELHO, Francisco Pereira. e OLIVEIRA, Guilherme de. *Curso de Direito de Família.* Coimbra: Coimbra Editora, 2 ed., v. 1, 2001.

CARVALHO, João Andrades. Ruptura da Relação Conjugal: Danos, Prejuízos e Reparações. *In: Juris Síntese. n. 19, Setembro/Outubro, 1999*, Compact Disc. Juris Síntese Milenium. Setembro/Outubro de 2003.

CARVALHO, Paulo Martins de C. Filho. "Lei 9278 de 10 de maio de 1996". *In RT.* v. 734, Ano 85, de dezembro de 1996, p. 13-39.

CASALS, Miquel Martín. Informe de Derecho comparado sobre la regulación de la pareja de hecho. *In: ADC.* Tomo XLVIII, Fasciculo IV, Octubre-diciembre, MCMXCV.

CID, Nuno de Salter. *União de Facto e Direito: Indecisão ou Desorientação do Legislador?.* Évora: Separata da Revista Economia e Sociologia, n.º 57, 1994.

____. *A proteção da casa de morada de família no direito português.* Coimbra: Almedina, 1996.

____. *Direitos Humanos e Família: Quando os homossexuais querem casar.* Évora: Separata da Revista Economia e Sociologia. n.º 66, 1998.

Código Civil. Coimbra: Almedina, 2003.

COELHO, Francisco Pereira. e OLIVEIRA, Guilherme de. *Curso de Direito da Família.* Coimbra: Coimbra Editora, 2 ed., v. 1, 2001.

COELHO, Francisco Pereira. Casamento e família no direito português. *In: Temas de direito da Família*. Coimbra: Coimbra. 1986.
Constituição da República Federativa do Brasil. Bauru: Jalovi, 1969.

CURA, António A. Vieira. *A «União de Facto» (Concubinatus) No Direito Romano – (Da Indiferença Jurídica Clássica à Relevância Jurídica Pós-Clássica e Justinianeia)*. Porto: Juris Et De Jure, 1998.

CZAJKOWSKI, Rainer. *União livre: à luz das Leis 8.971/94 e 9.278/96*. Curitiba: Juruá, 1.996.

D'ORS, Álvaro. *Derecho Privado Romano*. Pamplona: Ed. Universidad de Navarra S.A., 1968.

DAL COL, Helder Martinez. Contratos de Namoro. *In: RBDF. IBDFAM*. Porto Alegre: Síntese editora, n.º 23, Abril-maio, 2004.

DIAS, Maria Berenice. *In: Rrevista Veja*, de 23-8-2000, p. 37. *Apud* CAHALI, Francisco José. *Contrato de Convivência na União Estável*. São Paulo: Saraiva, 2002.
_____. União entre homossexuais pode virar lei. *In: Consulex*. Brasília: Consulex, ano VI, n.º 136, 2002.
_____. *In:* Boletim da AASP. n.º 1706/229.

DINIZ, Maria Helena. *Código Civil Anotado*. São Paulo: Saraiva, 1995.
_____. *Curso de Direito Civil Brasileiro*. São Paulo: Saraiva, 11 ed., v 3, 1996.
_____. *Curso de Direito Civil Brasileiro*. Direito das Coisas. São Paulo: Saraiva, 13 ed., v. 4,1997.
_____. *Curso de Direito Civil Brasileiro*. São Paulo: Saraiva, 13 ed., v. 6, 1999.
_____. *Curso de Direito Civil Brasileiro*. São Paulo: Saraiva, 14 ed., v. 5, 1999.
_____. *Código Civil Anotado*. São Paulo: Saraiva, 2002.

DIREITO, Carlos Alberto Menezes. Da União de Estável como entidade Familiar. *In: RT*. São Paulo: RT, ano 80, maio, v. 667, 1991.

DUARTE, Rui Pinto. *Tipicidade e Atipicidade dos Contratos*. Coimbra: Almedina, 2000.

FERREIRA FILHO, Manoel Gonçalves. *Curso de Direito Constitucional*. São Paulo: Saraiva, 22 ed., 1995.

FRAGA, Francisco C. Obrigação de alimentos na separação de facto e no divórcio. Diversidade de regimes. Anotação a Acórdão do STJ de 05/11/1996, In: Revista da Ordem dos Advogados. Lisboa: ano 56, dezembro, 1996.

FRANÇA, R. Limongi (coord.). Enciclopédia Saraiva do Direito. São Paulo: Saraiva, v. 9, 1977.

____. Manual de Direito Civil. São Paulo: Revista dos Tribunais, 2 ed. v. 1, p. 230. Apud FRANÇA, R. Limongi (coord.). Enciclopédia Saraiva do Direito. São Paulo: Saraiva, v.17, 1977.

____. (coord.). Enciclopédia Saraiva do Direito. São Paulo: Saraiva, v. 36, 1977.

FRANCESCHELLI, Vicenzo. I rapporti di fatto. Milano: 1984.

FREITAS. Teixeira de. In: FRANÇA, R. Limongi (coord.). Enciclopédia Saraiva do Direito. São Paulo: Saraiva, v. 7, 1977.

GAMA, Guilherme Calmon Nogueira. O Companheirismo, uma Espécie de família. São Paulo: Revista dos Tribunais, 2 ed., 2001.

GAUTIER, Pierre-Yves. L'union Libre en droit International Privé (étude de droit positif et prospectif). Paris: Policopiado, 1986.

GLANZ, Semy. União Estável. In: Revista Brasileira de Direito Comparado. Rio de Janeiro: Ano 7, n.º 11, 2.º semestre, 1991.

GONÇALVES, Carlos Roberto. Direito Civil. Parte Geral. Sinopses Jurídicas. São Paulo: Saraiva, 5 ed., v. I, 1999.

GONÇALVES, Luiz da Cunha. Princípios de Direito Civil Luso-Brasileiro. São Paulo: Max Limonad, v. I, 1951.

GOZZO, Débora. "O Patrimônio dos Conviventes na União Estável". In: WAMBIER, Teresa Arrudas Alvim. & LEITE, Eduardo de Oliveira (coord.). Direito de Família – Aspectos Constitucionais, Civis e Processuais. São Paulo: Revista dos Tribunais, v. 4, 1999. Apud CAHALI, Francisco José. Contratos de Convivência na União Estável. São Paulo: Saraiva, 2002.

GUIMARÃES, Marilene Silveira. A Mulher no Direito de Família Brasileiro – Uma História que não Acabou. In: Nova Realidade do Direito de Família: Doutrina e Jurisprudência, Visão interdisciplinar e

Noticiário. COUTO, Sérgio (coord.). Rio de Janeiro: COAD, Tomo 2, 1999.

KASER, Max. *Direito Privado Romano*. Tradução de Samuel Rodrigues e Fedinand Hämmerle. Lisboa: Fundação Calouste Gulbenkian, 1999.

KICH, Bruno Canísio. *Contrato de Convivência (concubinato – "Union de Hecho")*. Campinas: Agá Juris, 2 ed., 2001.

LAMARTINE, José L. Corrêa de Oliveira. e MUNIZ, Francisco José Ferreira. *Direito de Família – Direito Matrimonial*, Porto Alegre: Sérgio Antônio Fabris, 1990, p.9. A*pud* CZAJKOWSKI, Rainer. *União livre: à luz das Leis 8.971/94 e 9.278/96*. Curitiba: Juruá, 1.996.

LATA, Natalia Alvarez. Las Parejas de Hecho: Perspectiva Jurisprudencial. *In: Derecho Privado y Constitución*. Centro de Estudos Políticos Constitucionais, v. 12, 1998.

LEVENHAGEN, Antônio J. de Souza. *Do casamento ao divórcio*. São Paulo: Atlas, 2 ed., 1978.

LIMA, Pires de. e VARELA, Antunes. *Código Civil Anotado*. Coimbra: Coimbra, 4 ed., v. I, 1987.

LOPES, José Joaquim Almeida. A união de facto no direito português. *In: Revista Española de Derecho Canónico*. n.º 134, v. 50, 1993.

LORENZO, Sixto Sánches. Las parejas no casadas ante el Derecho Internacional Privado. *In: REDI.*, v. XLI, n.º 2, 1989.

MATOS, Albino. União de facto e liberalidades. *In: Revista do Notariado*. Lisboa: 1988/3, setembro-dezembro, ano IX, n.º 33, 1988.

MEDINA, Maria do Carmo. *Direito de Família*. Luanda: Colecção Faculdade de Direito de Uan, 2001.

MENDES, João de Castro, Família e casamento. *In: Estudos sobre a Constituição*. Lisboa: v I, 1977.

MIRANDA, Pontes de. *Tratado de Direito Privado*. São Paulo: RT, 4 ed., Tomo VII, 1983.

____. *Tratado de Direito de Família*. Atualizado por Vilson Rodrigues Alves. Campinas: Bookseller, v. I, 2001.

MONTEIRO, António Pinto. Cláusulas Limitativas do Conteúdo Contratual. *In: Estudos dedicados ao Prof. Doutor Mário Júlio de Almeida Costa.* Lisboa: UCP, 2002.

MONTEIRO, Washington de Barros. *Curso de Direito Civil. Direito de Família.* São Paulo: Saraiva, 33 ed., v. 2, 1996.

MONTORO, André Franco. *Introdução à Ciência do Direito.* São Paulo: Revista dos Tribunais, 25 ed., 2.º tiragem, 2000.

MOREIRA, José Carlos Barbosa. O Novo Código Civil e a União Estável. *In: Revista Síntese de Direito Civil e Processual Civil.* Porto Alegre: Síntese, Ano IV, n.º 21, Janeiro-Fevereiro, 2003.

MOTA, Helena. O Problema Normativo da Família. *In: Estudos em Comemoração dos Cinco Anos (1995-2000) da Faculdade de Direito da Universidade do Porto.* Coimbra: Coimbra, 2001.

MOURA, Mário de Aguiar. *Concubinato – Teoria e Prática.* Porto Alegre: Síntese, 1979, p.72-74. *Apud,* CAHALI, Francisco José. *Contratos de Convivência na União Estável.* São Paulo: Saraiva, 2002.

NERY, Nelson N. Junior. e NERY, Rosa Maria de Andrade. *Novo Código Civil e legislação extravagante anotados.* São Paulo: RT, 2002. *Novo Código Civil Brasileiro/Prefácio Miguel Reale.* São Paulo: RT. 2 ed., 2002.

OLIVEIRA, Euclides de. *União Estável: do concubinato ao casamento: antes e depois do novo código civil.* São Paulo: Método, 6 ed., 2003.

OLIVEIRA, José Lamartine Corrêa de. & MUNIZ, Francisco José Ferreira. *Direito de Família -Direito Matrimonial.* Porto Alegre: Sérgio Antônio Fabris editor, 1990. *Apud* CZAJKOWSKI, Rainer. *União livre: à luz das Leis 8.971/94 e 9.278/96.* Curitiba: Juruá, 1.996.

OTERO, Marcelo Truzzi. A Separação Legal de Bens para os Sexagenários ou Qüinquagenárias – Uma Afronta à Dignidade da Pessoa Humana. *In: Juris Síntese. n. 51, Maio, 2001.* Compact Disc. Juris Síntese Milenium, Janeiro/Fevereiro de 2004.

PAIS, Sofia de Oliveira. e SOUSA, António Frada de. A União de Facto e as Uniões registadas de pessoas do mesmo sexo – uma análise de direito material e conflitual. *In: Revista da Ordem dos Advogados*, n.º 59, v. II, 1999.

PATTI, Salvatore. *Regime Patrimoniale Della Famiglia e Autonomia Privata. In: Familia RDDFDSE.* Milano: Giuffré, v. 2, 2002.

PENTEADO, Ricardo. O Estatuto da União Estável. *In:* NAZARETH, Eliana Riberti. *Direito de Família e Ciências Humanas.* e outros. São Paulo: Jurídica Brasileira, Caderno de estudos 1, 1997.

PEREIRA, Caio Mário da Silva. A Lei do Casamento da República Popular da China. *In: Estudos em Memória do Professor Doutor Paulo da Cunha.* Lisboa: Faculdade de Direito, 1989.

____. *Instituições de Direito Civil.* Rio de Janeiro: Forense, 17 ed., v. 1,1995.

____. *Instituições de Direito Civil.* Rio de Janeiro: Forense, 10 ed., v. 5, 1995.

PEREIRA, Rodrigo da Cunha. *Direito de Família Contemporâneo.* Belo Horizonte: Del Rey, 1997.

____. *Concubinato e União Estável.* Belo Horizonte: Del Rey, 1999.

____. *Da união Estável. Direito de família e o Novo Código Civil.* Belo Horizonte: Del Rey. IBDFAM. 2002.

PEREIRA, Sérgio Gischkow. *In: RT 657/17,* p. 20, março de 1990.

PEREIRA, Virgílio de Sá. *Direito de Família.* Rio de Janeiro: Freitas Bastos, 1959, p. 89 e ss. *Apud* CAHALI, Francisco José. *Contrato de Convivência na União Estável.* São Paulo: Saraiva, 2002.

PESSOA, Claudia Grieco Tabosa. *Efeitos Patrimoniais do Concubinato.* São Paulo: Saraiva, 1997.

PIRES, Maria da Graça Moura de Sousa Soromenho. *O concubinato no direito brasileiro.* Rio de Janeiro: Forense, 1.999.

PITÃO, França. *Uniões de Facto e Economia Comum.* Coimbra: Almedina, 2002.

PIZZOLANTE, Francisco E. O. Pires e Albuquerque. *União Estável no Sistema Jurídico Brasileiro.* São Paulo: Atlas, 1999.

PORTO, Mário Moacyr. O Concubinato e os seus Efeitos Patrimoniais. *In: Família e Casamento – Doutrina e Jurisprudência,* CAHALI, Yussef Said (coord.). São Paulo: Saraiva, 1988, p. 402. *Apud* CAHALI, Francisco José. *Contratos de Convivência na União Estável.* São Paulo: Saraiva, 2002.

PRIETO, A. Fernando Pantaleón. La autorregulación de la union libre. *In: Poder Judicial*. Madrid: 2. Epoca, n. 4, Diciembre, 1986.

PROENÇA, José João Gonçalves. *Direito da Família*. Lisboa: Editores & Livreiros, 1996.

RANDOUX, Dominique. Les contrats des concubinis, *In: Indépendance financière et communauté de vie*. Paris: LGDJ, 1989.

REALE, Miguel. Cônjuges e Companheiros. *In: O Estado de São Paulo*, de 27/03/2004.

RIZZARDO, Arnaldo. *Contratos*. Rio de Janeiro: Aide, v. I, 1988.

RODRIGUES, Silvio. *Direito Civil. Dos Contratos e das Declarações Unilaterais da Vontade*. São Paulo: Saraiva, 28 ed., v III, 2002.

ROMAIN, Delpierre. Les conventions de concubinage. *In: Le notaire, votre partenaire, aujourd'hui et demain*. Louvain-la-Neuve, Bruylant, 1992.

SÁ, Almeno de. *Cláusulas Contratuais Gerais e Directiva Sobre Cláusulas Abusivas*. Coimbra: Almedina, 2 ed., 2001.

SANTOS, J. M. de Carvalho. *Repertório Enciclopédico do Direito Brasileiro*. Rio de Janeiro: Borsoi, v. 16, 1947.

SANTOS, J. M. Carvalho. *Código Civil Brasileiro Interpretado*. Rio de Janeiro: Freitas Bastos. 11 ed., 1977.

SANTOS, Ozéias J. *Constituição da República Federativa do Brasil*. São Paulo: Lawbook, 2002.

SANTOS, Paulo de Tarso. *Arbitragem e Poder Judiciário*. São Paulo: LTR, 2001.

SERRA, Vaz. *Relatório do Decreto-Lei n.º 30 032*, maio de 1942.

SOARES, Orlando. *União Estável*. Rio de Janeiro: Forense, 3 ed., 2002.

SOARES. Rogério Ehrhardt. e CAMPOS. Diogo Leite de. A Família em Direito Cosntitucional Comparado. *In: Revista da Ordem dos Advogados*. Lisboa: Abril, Ano 50, 1990.

SOUSA, Rabindranath Capelo de. *In: A adopção, constituição da relação adoptiva*, Coimbra, 1973.

SOUSA. Miguel Teixeira de. Os poderes do Supremo Tribunal de Justiça na Interpretação dos Negócios Jurídicos. *In: RFDUL.* Lisboa: Lex, v. XXXV, 1994.

SOUZA, Orlando de. *Inventários e Partilhas.* São Paulo: Sugestões Literárias S/A., 6 ed., 1972.

STOCO, Rui. *Tratado de Responsabilidade Civil.* São Paulo: Revista dos Tribunais, 6 ed., 2004.

TELLES, Inocêncio Galvão. *Manual dos Contratos em Geral.* Coimbra: Coimbra, 4 ed., 2002.

VARELA, Antunes. *Direito da Família.* Lisboa: Petrony, 1982.
____. Efeitos Patrimoniais do Casamento. *In: Revista de Direito Comparado Luso-Brasileiro.* Rio de Janeiro: Forense, 1984.

VASCONCELOS, Pedro Pais de. *Contratos Atípicos.* Coimbra: Almedina, 2002.

VELOSO, Zeno. *União Estável – Doutrina, Legislação, Direito Comparado, Jurisprudência.* Belem: CEJUP, 1997.
____. *Direito de Família e o Novo Código Civil.* Belo Horizonte: Del Rey. 2 ed., p. 243. Apud OLIVEIRA, Euclides de. *União Estável: do concubinato ao casamento: antes e depois do novo código civil.* São Paulo: Método, 6 ed., 2003.

VENOSA, Sílvio de Salvo. *Direito Civil. Direito de Família.* São Paulo: Atlas, v. 5, 2001.
____. *Direito Civil. Direito de Família.* São Paulo: Atlas, 3 ed., v. 6, 2003.

VIANA, Marco Aurelio S. *Da União Estável.* São Paulo: Saraiva, 1999.

VILLELA, João Baptista. Concubinato e Sociedade de Fato. *In: Revista dos Tribunais,* 623/18, ano 76, v. 623, setembro de 1987.
____. Família Hoje. *In:* BARRETO, Vicente (org.). *A Nova Família – Problemas e Perspectivas.* Rio de Janeiro: Renovar, 1997.

WALD, Arnoldo. *O Novo Direito de Família.* São Paulo: Saraiva, 2000.

XAVIER, Rita Lobo. *Limites à autonomia privada na disciplina das relações patrimoniais entre os cônjuges.* Coimbra: Almedina, 2000.

_____. Novas Sobre a União "More Uxorio" em Portugal. *In: Estudos dedicados ao Prof. Doutor Mário Júlio de Almeida Costa.* Lisboa: UCP, 2002.

ZANNONI, Eduardo A. *Derecho de familia.* Buenos Aires: Editorial Astrea, 1998.

ANEXO

Lei 8971/94

"Art. 1.º A companheira comprovada de um homem solteiro, separado judicialmente, divorciado ou viúvo, que com ele viva há mais de 5 (cinco) anos, ou dele tenha prole, poderá valer-se do disposto na Lei 5478, de 25 de julho de 1968, enquanto não constituir nova união e desde que prove a necessidade.

§ Único. Igual direito e nas mesmas condições é reconhecido ao companheiro de mulher solteira, separada judicialmente, divorciada ou viúva.

Art. 2.º As pessoas referidas no artigo anterior participarão da sucessão do(a) companheiro(a) nas seguintes condições:

I – o(a) Companheiro(a) sobrevivente terá direito, enquanto não constituir nova união, ao usufruto de quarta parte dos bens do *de cujus*, se houver filhos deste ou comuns;
II – o(a) Companheiro(a) sobrevivente terá direito, enquanto não constituir nova união, ao usufruto da metade dos bens do *de cujus*, se não houver filhos, embora sobrevivam ascendentes;
III – na falta de descendentes e ascendentes, o(a) companheiro(a) sobrevivente terá direito à totalidade da herança.

Art. 3.º Quando os bens deixados pelo(a) autor(a) da herança resultarem de atividade em que haja colaboração do(a) companheiro(a), terá o sobrevivente direito à metade dos bens.

Art. 4.º Esta Lei entre em vigor na data de sua publicação.

Art. 5.º Revogam-se disposições em contrário.

Brasília, 29 de dezembro de 1994; 173.º da Independência e 106.º da República.

Itamar Franco.

CÂMARA DOS DEPUTADOS
COMISSÃO DE CONSTITUIÇÃO E JUSTIÇA
E DE REDAÇÃO FINAL
– PROJETO DE LEI N.º 1888-F, DE 1991 –

Regula o parágrafo 3.º do art. 226 da Constituição Federal.

O CONGRESSO NACIONAL decreta:

Art. 1.º. É reconhecida como entidade familiar a convivência duradoura, pública e contínua, de um homem e uma mulher, estabelecida com o objetivo de constituir família.

Art. 2.º. São direitos e deveres iguais dos conviventes:

I – respeito e consideração mútuos;
II – assistência moral e material recíproca;
III – guarda, sustento e educação dos filhos comuns.

Art. 3.º. Os conviventes poderão, por meio de contrato escrito, regular seus direitos e deveres, observados os preceitos desta lei, as normas de ordem públicas atinentes ao casamento, os bons costumes e os princípios gerais de direito.

Art. 4.º. Para ter eficácia contra terceiros, o contrato referido no artigo anterior deverá ser registrado no Cartório do Registro Civil de residência de qualquer dos contratantes, efetuando-se, se for o caso, comunicação ao Cartório de Registro de Imóveis, para averbação.

Art. 5.º. Os bens móveis e imóveis adquiridos por um ou por ambos os conviventes, na constância da união estável e a título oneroso, são considerados fruto do trabalho e da colaboração comum, passando a pertencer a ambos, em condomínio e em partes iguais, salvo estipulação contrária em contrato escrito.

§ 1.º. Cessa a presunção do *caput* deste artigo, se a aquisição patrimonial ocorrer com o produto de bens adquiridos anteriormente ao início da união.

§ 2.º. A administração do patrimônio comum dos conviventes compete a ambos, salvo estipulação contrária em contrato escrito.

Art. 6.º. A união estável dissolver-se-á por vontade das partes, morte de um dos conviventes, rescisão ou denúncia do contrato por um dos conviventes.

§ 1.º. Pela vontade das partes, os conviventes põem termo à união estável, amigavelmente e por escrito, valendo entre os mesmos o que for estipulado no acordo, desde que não contrarie o estatuído nesta lei.

§ 2.º. Havendo contrato escrito e averbado em cartório, qualquer dos conviventes deverá requerer a averbação do acordo de dissolução da união estável.

§ 3.º. Ocorre a rescisão quando houver ruptura da união estável por quebra dos deveres constantes desta lei e do contrato escrito, se existente.

§ 4.º. A separação de fato dos conviventes implica denúncia do contrato, escrito ou verbal.

Art. 7.º. Dissolvida a união estável por rescisão, a assistência material prevista nesta lei será prestada por um dos conviventes ao que dela necessitar, a título de alimentos.

Parágrafo único. Dissolvida a união estável por morte de um dos conviventes, o sobrevivente terá direito real de habitação, enquanto viver ou não constituir nova união ou casamento, relativamente ao imóvel destinado à residência da família.

Art. 8.º. Os conviventes poderão, de comum acordo e a qualquer tempo, requerer a conversão da união estável em casamento, por requerimento ao Oficial do Registro Civil da Circunscrição de seu domicílio.

Art. 9.º. Toda a matéria relativa à união estável é da competência do juízo da Vara de Família, assegurado o segredo de justiça.

Art. 10.º Esta lei entra em vigor na data de sua publicação.

Art. 11.º Revogam-se as disposições em contrário.

Sala da Comissão, em 09.04.1996

Deputado ALOYSIO NUNES FERREIRA
Presidente

Deputado NILSON GIBSON
Relator

VETOS DO PRESIDENTE

A matéria já foi objeto de tratamento parcial na Lei n.º 8971, de 29 de dezembro de 1994, que tem merecido críticas generalizadas, tendo sido até suscitada a argüição de insconstitucionalidade (Arnoldo Wald, *Direito de Família*, 10.ª de, apêndice, Carlos Alberto Menezes Direito, Revista de Direito de Família, n.º 1 p. 27 e Seg. Otto Eduarto Vizeu Gil *In* Revista de Informação Legislativa, n.º 127, p. 77).

O projeto de Lei n.º 1888/91, que se inspirou em estudo do Professor Álvaro Villaça, pretendia regulamentar a matéria *in totum*, o que implicaria a revogação da Lei 8971/94. Houve, todavia, um substitutivo que reduziu o âmbito da nova legislação, ensejando o projeto de lei que agora é submetido à sanção.

Em primeiro lugar, o texto é vago em vários de seus artigos e não corrige as eventuais falhas da Lei n.º 8971. Por outro lado, a amplitude que se dá ao contrato de criação da união estável importa em admitir um verdadeiro casamento de segundo grau, quando não era a intenção do legislador, que pretendia garantir determinados efeitos a *posterirori* a determinadas situações nas quais tinha havido formação de uma entidade familiar. Acresce que o regime contratual e as presunções constantes do projeto não mantiveram algumas das condicionantes que constavam no projeto inicial.

Assim sendo, não se justifica a introdução da união estável contratual nos termos do art. 3.º, justificando-se pois o veto em relação ao mesmo e, em decorrência, também no tocante aos arts. 4.º e 6.º.

Todavia, tendo em vista o entendimento pleno do disposto no art. 226, § 3.º, da Constituição, deverá o Poder Executivo oferecer, dentro de 90 dias, a sua contribuição ao aprimoramento da lei ora sancionada.

Estas, Senhor Presidente, as razões que me levam a vetar em parte o projeto em causa, as quais ora submeto a elevada apreciação dos Senhores Membros do Congresso Nacional.

Brasília, 10 de maio de 1996

FERNANDO HENRIQUE CARDOSO

Lei 9278/96

O PRESIDENTE DA REPÚBLICA

Faço saber que o Congresso Nacional decreta e eu sanciono a seguinte Lei.

Art. 1.º É reconhecida como entidade familiar a convivência duradoura, pública e contínua, de um homem e uma mulher, estabelecida com o objetivo de constituir família.

Art. 2.º São direitos e deveres iguais dos conviventes:

I – respeito e consideração mútuos;
II – assistência moral e material recíproca;
III – guarda, sustento e educação dos filhos comuns.

Art. 3.º (vetado)

Art. 4.º (vetado)

Art. 5.º Os bens móveis e imóveis adquiridos por um ou por ambos os conviventes, na constância da união estável e a título oneroso, são considerados fruto do trabalho e da colaboração comum, passando a pertencer a ambos, em condomínio e em partes iguais, salvo estipulação contrária em contrato escrito.

§ 1.º Cessa a presunção do *caput* deste artigo, se a aquisição patrimonial ocorrer com o produto de bens adquiridos anteriormente ao início da união.

§ 2.º A administração do patrimônio comum dos conviventes compete a ambos, salvo estipulação contrária em contrato escrito.

Art. 6.º (vetado)

Art. 7.º Dissolvida a união estável por rescisão, a assistência material prevista nesta lei será prestada por um dos conviventes ao que dela necessitar, a título de alimentos.

Parágrafo único. Dissolvida a união estável por morte de um dos conviventes, o sobrevivente terá direito real de habitação, enquanto viver ou não constituir nova união ou casamento, relativamente ao imóvel destinado à residência da família.

Art. 8.º Os conviventes poderão, de comum acordo e a qualquer tempo, requerer a conversão da união estável em casamento, por requerimento ao Oficial do Registro Civil da Circunscrição de seu domicílio.

Art. 9.º. Toda a matéria relativa à união estável é da competência do juízo da Vara de Família, assegurado o segredo de justiça.

Art. 10.º Esta lei entra em vigor na data de sua publicação.

Art. 11.º. Revogam-se as disposições em contrário.

Brasília, 10 de maio de 1996; 175 da Independência e 108 da República.

FERNANDO HENRIQUE CARDOS
Milton Seligman

CÂMARA DOS DEPUTADOS

PROJETO DE LEI N.º 2686, DE 1996
(Do Poder Executivo)

Mensagem n.º 1447/96

Regulamenta o § 3.º do art. 226 da Constituição, dispõe sobre o Estatuto da União Estável, e dá outras providências.

O Congresso Nacional decreta:

CAPÍTULO I

Do Conceito

Art. 1.º É reconhecida como união estável a convivência, por período superior a cinco anos, sob o mesmo teto, como se casados fossem, entre um homem e uma mulher, não impedidos de realizar matrimônio ou separados de direito ou de fato dos respectivos cônjuges.

Parágrafo único. O prazo previsto no *caput* deste artigo poderá ser reduzido a dois anos quando houver filho comum.

CAPÍTULO II

Dos Direitos e Deveres

Art. 2.º Decorrem da união estável os seguintes direitos e deveres para ambos os companheiros, um em relação ao outro:

I – lealdade;
II – respeito e consideração;
III – assistência moral e material.

CAPÍTULO III

Do Regime de Bens

Art. 3.º Salvo estipulação contrária, os bens móveis e imóveis adquiridos onerosamente por qualquer dos companheiros, na constância da união estável, regem-se pelas disposições sobre o regime de comunhão parcial de bens estabelecidas no Código Civil e leis posteriores, abrangendo direitos, deveres e responsabilidades.

Parágrafo único. As doações feitas por um dos companheiros serão computadas como adiantamento da respectiva meação.

Seção II

Do Regime Convencional

Art. 4.º As partes poderão, a qualquer tempo, reger as suas relações patrimoniais, de modo genérico ou específico, por escritura pública de atribuição de titularidade de bens e obrigações, devendo o respectivo instrumento ser registrado no registro de imóveis do seu domicílio e, se for o caso, averbado no respectivo ofício da circunscrição onde os imóveis forem localizados.

Parágrafo único. As disposições contidas na escritura só se aplicarão para o futuro, regendo-se os negócios jurídicos anteriormente realizados pelos companheiros segundo o disposto nesta lei, sem prejuízo da liberdade das partes de dividirem os bens, de comum acordo, no momento da dissolução da entidade familiar.

CAPÍTULO IV

Das Relações com Terceiros

Art. 5.º Nos instrumentos que vierem a firmar com terceiros, os companheiros deverão mencionar a existência da união estável e a titularidade do bem objeto da negociação. Não o fazendo, ou sendo falsas as declarações, serão preservados os interesses dos terceiros do boa-fé, resolvendo-se os eventuais prejuízos em perdas e danos, entre os companheiros, e aplicadas as sanções penais cabíveis.

CAPÍTULO V

Dos Alimentos

Art. 6.º Dissolvida a união estável, o Juiz poderá, considerando o disposto no art. 2.º e demais circunstâncias, determinar sejam prestados alimentos por um dos companheiros ao outro, que deles necessitar, nos termos da Lei n.º 5478, de 25 de julho de 1968, enquanto o credor não constituir nova entidade familiar de direito ou de fato.

CAPÍTULO VI

Dos Direitos Sucessórios

Seção I

Do usufruto e outros direitos

Art. 7.º Desde que vigente a união estável, no momento do falecimento, e ressalvados os eventuais direitos do cônjuge do *de cujus*, no caso de separação, o companheiro sobrevivente terá direito inafastável pela vontade das partes, enquanto não constituir nova união:

I – ao usufruto da quarta parte do patrimônio líquido do falecido, adquirido durante a vigência da união estável, se concorrer com os seus descendentes;
II – ao usufruto da metade do patrimônio liquido do falecido, adquirido durante a vigência da união estável, se concorrer com os seus ascendentes;
III – ao usufruto da totalidade dos bens adquiridos a qualquer título, durante a união estável, se o *de cujus* não tiver parentes em linha reta vivos;
IV – ao direito real de habitação ou ao direito de sucessão na locação do imóvel destinado à família no qual ambos os companheiros moravam, desde que respeitada a herança necessária dos parentes em linha reta;

Parágrafo único. No caso de existirem herdeiros legítimos do *de cujus*, se o companheiro sobrevivente tiver sido contemplado, em testamento, com bens de valor igual ou superior àqueles sobre os quais recairia o usufruto, em virtude desta Lei, não lhe serão atribuídos os direitos assegurados pelo presente artigo, salvo se o testador determinar que sejam cumulados com a verba testamentária.

Seção II

Da vocação sucessória

Art. 8.º Não havendo testamento, nem ascendentes nem descendentes vivos do *de cujus* defere-se a sucessão ao companheiro.

CAPÍTULO VII

Da Conversão Em Casamento

Art. 9.º Os companheiros poderão, de comum acordo e a qualquer tempo, requerer a conversão da união estável em casamento, desde que cabível, mediante petição ao Oficial do Registro Civil da circunscrição de seu domicílio, juntando os documentos previstos no art. 180 do Código Civil, devendo as testemunhas certificar a existência da união estável e sua duração, sob as penas da lei, dispensando-se os proclamas e os editais.

CAPÍTULO VIII

Das Disposições Gerais e Transitórias

Art. 10. O art. 167 da Lei n.º 6015, de 31 de dezembro de 1973, passa a vigorar com a seguinte redação:
"Art. 167.(...)
I – (...)
12) das convenções antenupciais e dos pactos de titularidade de direitos e obrigações decorrentes de união estável;
II – (...)
1) das convenções antenupciais e do regime de bens diversos do legal e dos pactos de titularidade de direitos e obrigações decorrentes de união estável, nos registros referentes a imóveis ou a direitos reais pertencentes a qualquer dos cônjuges ou dos companheiros, inclusive os adquiridos posteriormente ao casamento ou à existência de união estável.

(...)"

Art. 11. No prazo de noventa dias, os Tribunais de Justiça encaminharão ao Poder Legislativo projeto de alteração de lei organização judiciária, com as adaptações decorrentes da presente Lei.

Art. 12 Esta Lei entra em vigor na data de sua publicação.

Art. 13. Ficam revogadas as Leis n.º 8971, de 29 de dezembro de 1994, e 9278, de 10 de maio de 1996.

Lei n.º 7/2001,

de 11 de Maio

A Assembleia da República decreta, nos termos da alínea c) do artigo 161.º da Constituição, para valer como lei geral da República, o seguinte:

Artigo 1.º

(Objecto)

1. A presente lei regula a situação jurídica de duas pessoas, independentemente do sexo, que vivam em união de facto há mais de dois anos.
2. Nenhuma norma da presente lei prejudica a aplicação de qualquer outra disposição legal ou regulamentar em vigor tendente à protecção jurídica de uniões de facto ou de situações de economia comum.

Artigo 2.º

(Excepções)

São impeditivos dos efeitos jurídicos decorrentes da presente lei:

a) Idade inferior a 16 anos;
b) Demência notória, mesmo nos intervalos lúcidos, e interdição ou inabilitação por anomalia psíquica;
c) Casamento anterior não dissolvido, salvo se tiver sido decretada separação judicial de pessoas e bens;
d) Parentesco na linha recta ou no 2.º grau da linha colateral ou afinidade na linha recta;
e) Condenação anterior de uma das pessoas como autor ou cúmplice por homicídio doloso ainda que não consumado contra o cônjuge do outro.

Artigo 3.º

(Efeitos)

As pessoas que vivem em união de facto nas condições previstas na presente lei têm direito a:

a) Protecção da casa de morada de família, nos termos da presente lei;
b) Beneficiar de regime jurídico de férias, faltas, licenças e preferência na colocação dos funcionários da Administração Pública equiparado ao dos cônjuges, nos termos da presente lei;
c) Beneficiar de regime jurídico das férias, feriados e faltas, aplicado por efeito de contrato individual de trabalho, equiparado ao dos cônjuges, nos termos da lei;
d) Aplicação do regime do imposto de rendimento das pessoas singulares nas mesmas condições dos sujeitos passivos casados e não separados judicialmente de pessoas e bens;
e) Protecção na eventualidade de morte do beneficiário, pela aplicação do regime geral da segurança social e da lei;
f) Prestação por morte resultante de acidente de trabalho ou doença profissional, nos termos da lei;
g) Pensão de preço de sangue e por serviços excepcionais e relevantes prestados ao País, nos termos da lei.

Artigo 4.º

(Casa de morada de família e residência comum)

1. Em caso de morte do membro da união de facto proprietário da casa de morada comum, o membro sobrevivo tem direito real de habitação, pelo prazo de cinco anos, sobre a mesma, e, no mesmo prazo, direito de preferência na sua venda.

2. O disposto no número anterior não se aplica caso ao falecido sobrevivam descendentes com menos de um ano de idade ou que com ele convivessem há mais de um ano e pretendam habitar a casa, ou no caso de disposição testamentária em contrário.

3. Em caso de separação, pode ser acordada entre os interessados a transmissão do arrendamento em termos idênticos aos previstos no n.º 1 do artigo 84.º do Regime do Arrendamento Urbano.

4. O disposto no artigo 1793.º do Código Civil e no n.º 2 do artigo 84.º do Regime do Arrendamento Urbano é aplicável à união de facto se o tribunal entender que tal é necessário, designadamente tendo em conta, consoante os casos, o interesse dos filhos ou do membro sobrevivo.

Artigo 5.º

(Transmissão do arrendamento por morte)

O artigo 85.º do Decreto-Lei n.º 321-B/1990, de 15 de Outubro, que aprova o Regime do Arrendamento Urbano, passa a ter a seguinte redacção:

"Artigo 85.º (...)

1. (...)
a) (...)
b) (...)
c) Pessoa que com ele viva em união de facto há mais de dois anos, quando o arrendatário não seja casado ou esteja separado judicialmente de pessoas e bens;
d) (Anterior alínea c)).
e) (Anterior alínea d)).

2. Caso ao arrendatário não sobrevivam pessoas na situação prevista na alínea b) do n.º 1, ou estas não pretendam a transmissão, é equiparada ao cônjuge a pessoa que com ele vivesse em união de facto.
3. (...)
4. (...)"

Artigo 6.º

(Regime de acesso às prestações por morte)

1. Beneficia dos direitos estipulados nas alíneas *e)*, *f)* e *g)* do artigo 3.º, no caso de uniões de facto previstas na presente lei, quem reunir as condições constantes no artigo 2020.º do Código Civil, decorrendo a acção perante os tribunais cíveis.

2. Em caso de inexistência ou insuficiência de bens da herança, ou nos casos referidos no número anterior, o direito às prestações efectiva-se mediante acção proposta contra a instituição competente para a respectiva atribuição.

ARTIGO 7.º

(Adopção)

Nos termos do actual regime de adopção, constante do livro IV, título IV, do Código Civil, é reconhecido às pessoas de sexo diferente que vivam em união de facto nos termos da presente lei o direito de adopção em condições análogas às previstas no artigo 1979.º do Código Civil, sem prejuízo das disposições legais respeitantes à adopção por pessoas não casadas.

ARTIGO 8.º

(Dissolução da união de facto)

1. Para efeitos da presente lei, a união de facto dissolve-se:

a) Com o falecimento de um dos membros;
b) Por vontade de um dos seus membros;
c) Com o casamento de um dos membros.

2. A dissolução prevista na alínea *b)* do número anterior apenas terá de ser judicialmente declarada quando se pretendam fazer valer direitos da mesma dependentes, a proferir na acção onde os direitos reclamados são exercidos, ou em acção que siga o regime processual das acções de estado.

ARTIGO 9.º

(Regulamentação)

O Governo publicará no prazo de 90 dias os diplomas regulamentares das normas da presente lei que de tal careçam.

ARTIGO 10.º

(Revogação)

É revogada a Lei N.º 135/1999, de 28 de Agosto.

Artigo 11.º

(Entrada em vigor)

Os preceitos da presente lei com repercussão orçamental produzem efeitos com a lei do Orçamento do Estado posterior à sua entrada em vigor.

Aprovada em 15 de Março de 2001.

O Presidente da Assembleia da República, António de Almeida Santos.

Promulgada em 20 de Abril de 2001.

Publique-se.

O Presidente da República, JORGE SAMPAIO.

Referendada em 26 de Abril de 2001.

O Primeiro-Ministro, em exercício, *Jaime José Matos da Gama.*

SUMÁRIO

Abreviaturas 11

Introdução 13

Capítulo I
Antecedentes Históricos do Contrato de Coabitação no Brasil 15

1. O contrato de coabitação antes e durante a Constituição Federal de 1.988 15
2. O contrato de coabitação em face das leis 8.971/94 e 9.278/96. 32
3. O contrato de coabitação e união de fato no novo Código Civil 45
   - 3.1. *Conceito de união de fato* 46
   - 3.2. *Dos impedimentos matrimoniais* 48
   - 3.3. *Dos deveres dos membros da união de fato* 49
   - 3.4. *Dos alimentos entre os conviventes* 51
   - 3.5. *Da sucessão hereditária* 52
   - 3.6. *Conversão da união de fato em casamento* 54
   - 3.7. *Do concubinato* 54
   - 3.8. *Do parentesco por afinidade* 55
   - 3.9. *Da adoção* 56
   - 3.10. *O poder familiar* 57
   - 3.11. *Dos efeitos patrimoniais* 58

Capítulo II
Características gerais dos contratos de coabitação 67

1. Considerações gerais 67
   - 1.1. *Terminologia* 69
2. Eficácia condicionada à existência da união de fato 70
   - 2.1. *Momento da celebração* 74

3. Da retroatividade dos efeitos do contrato de coabitação 76
4. Da mutabilidade 80
5. Possibilidade de existência de mais de um contrato regulamentando o patrimônio do casal **83**
6. Âmbito de incidência dos contratos ou suas modificações 84
7. Contrato de coabitação como negócio jurídico 86
   7.1. *Requisitos gerais para celebração do negócio jurídico entre os conviventes* 86
   7.2. *Da forma do contrato de coabitação* 90

Capítulo III

Análise do conteúdo dos contratos de coabitação 95

1. Considerações gerais 95
2. Cláusulas sobre a divisão de patrimônio e direitos 97
3. Cláusulas sobre a administração dos bens 100
4. Da não obrigatoriedade de outorga *uxoria* ou marital 102
5. Cláusulas sobre outorga de usufruto e direito real de habitação ao convivente 103
6. Cláusulas sobre a dissolução da união de fato 106
7. Cláusulas condicionais 113
8. Cláusulas sobre pensão alimentícia 115
9. Cláusulas sobre direitos sucessórios 117
10. Da regulamentação dos efeitos pessoais entre os conviventes 118
11. Da possibilidade de convenção de arbitragem nos contratos de coabitação 123

Capítulo IV

Peculiaridades nos contratos de coabitação 125

1. Contratos de coabitação e os impedimentos matrimoniais 125
2. Contratos de coabitação em casos de obrigatoriedade do regime de separação de bens impostos aos cônjuges 128
3. Contratos de convivência perante terceiros 132

Conclusão 137
Bibliografia 139
Anexo 151